Casglu Llwch

*I Nowi ac Idris,
am fy annog i syllu ar y llawr*

Casglu Llwch

Georgia Ruth

y Lolfa

Argraffiad cyntaf: 2024
© Hawlfraint Georgia Ruth a'r Lolfa Cyf., 2024
© Hawlfraint y lluniau oddi mewn: Makiko Kita

*Mae hawlfraint ar gynnwys y llyfr hwn ac mae'n
anghyfreithlon llungopïo neu atgynhyrchu unrhyw ran ohono
trwy unrhyw ddull ac at unrhyw bwrpas (ar wahân i adolygu) heb
gytundeb ysgrifenedig y cyhoeddwyr ymlaen llaw*

Dyluniad y clawr: Cyngor Llyfrau Cymru
Llun y clawr: Makiko Kita

Rhif Llyfr Rhyngwladol: 978 1 80099 555 0

Dymuna'r cyhoeddwyr gydnabod cymorth ariannol
Cyngor Llyfrau Cymru

Cyhoeddwyd ac argraffwyd yng Nghymru
ar bapur o goedwigoedd cynaliadwy gan
Y Lolfa Cyf., Talybont, Ceredigion SY24 5HE
e-bost ylolfa@ylolfa.com
gwefan www.ylolfa.com
ffôn 01970 832 304

Mi gefais gennych greigiau dan fy nhraed,
A'u holl ddoethineb bagan yn fy ngwaed.

> T. H. Parry Williams – 'I'm Hynafiaid'

We went searchin' through thrift store jungles
Found Geronimo's rifle, Marilyn's shampoo...

> Sheryl Crow – 'If It Makes You Happy'

Rhagair

Llyfr am gerddoriaeth oedd hwn i fod ond rhywle ar hyd y ffordd 'nes i ddechrau syllu lawr ar gerrig.

Er hynny, dwi'n meddwl falle fod e'n dal i fod am gerddoriaeth hefyd. Mae popeth yn gysylltiedig â'i gilydd, am wn i, ac ar ôl sbel, dyw caneuon a cherrig ddim mor wahanol i'w gilydd! Neu dyna fy esgus i beth bynnag, a dwi'n glynu wrtho fe.

Yn fwy na dim, dwi'n sgwennu hwn er mwyn peidio anghofio…

Georgia Ruth
Tachwedd 2024

Cerrig

Roedd 'na gyfnod, pan o'n i'n tua wyth neu naw oed, lle'r oedd cerrig anwes neu *pet rocks*, yn hawlio lle eithaf penodol yn fy isymwybod. Roedden nhw'n cael eu crybwyll gan amlaf mewn rhaglenni Americanaidd fel *Even Stevens* neu *Sabrina the Teenage Witch*, ac oherwydd hynny do'n i fyth yn hollol siŵr a oedden nhw'n bethau go iawn. Yn amlwg doedd neb yn cadw cerrig anwes go iawn, oedden nhw?

Mae'n rhy hawdd codi ffôn...

Are pet rocks real?

Mewn llai nag eiliad, mae gen i ateb.

Teganau casgladwy oedden nhw a grëwyd yn 1975 gan ddyn o'r enw Gary Dahl. Roedden nhw'n cael eu gwerthu mewn bocsys cardfwrdd arbennig efo bwndel o wellt a thyllau anadlu. Parodd y ffad am tua chwe mis, gan ddod i ben yn fuan ar ôl y Nadolig yn 1975.

Mae lluniau hefyd. *Holy shit*, dwi'n meddwl, wrth edrych ar ffonts y bocsys a'r cerrig ar eu nythod papur-wedi'i-shredio. Dwi wedi gweld y rhain yn rhywle. Ond ble?

Roedd set o gyfarwyddiadau yn dod efo pob bocs, pethau y gellid dysgu'r garreg i'w gwneud: eistedd, aros, smalio bod yn farw.

Mexican beach stones, dyna oedden nhw. Cerrig folcanig i'w canfod, fel mae'r enw yn awgrymu, ar draethau Baja, Mecsico. Maen nhw'n grwn, yn llyfn, ac yn dod mewn amryw o liwiau tywyll. Yr hyn sy'n unigryw am y cerrig hyn, o'u cymharu â cherrig traethau eraill, ydi eu bod nhw'n cael eu casglu gyda llaw gan weithwyr arbenigol. Mae'r llywodraeth wedi gwahardd y defnydd o beiriannau – yn rhannol i warchod y traethau ac yn rhannol i greu swyddi mewn trefi arfordirol. Felly mae pob un garreg wedi cael ei dewis gan berson sy'n gwybod yn iawn am be maen nhw'n chwilio. Mae'r cerrig yn berffaith ar gyfer cynllunio gerddi. Maen nhw'n para oes ac yn gwrthsefyll yr haul, glaw, iâ neu eira.

Ond, fel pob peth sbesial, mae 'na bris.

Roedd Gary Dahl yn barod i gymryd y risg, beth bynnag. A pheth da fod e wedi gwneud, achos mae'n debyg iddo fe wneud miliynau cyn i'r lampau lafa gymryd drosodd.

Mewn cyfweliad efo *People Magazine* yn 1975, roedd e'n athronyddol am ei lwyddiant. Nid y garreg ei hun oedd yn cael ei gwerthu mewn gwirionedd meddai e, ond yn hytrach yr holl bethau oedd yn dod efo hi.

'You might say we've packaged a sense of humor.'

Un person sy'n gweld dim byd doniol am gerrig ydi fy mab hynaf. Iddo fe, mae cerrig yn fater difrifol. Yn bump oed a phedwar mis, mae e wedi troi'n tŷ ni i mewn i ryw fath o amgueddfa amatur.

Alla i ddim cofio pryd yn union ddechreuodd e afael mewn cerrig, ond dwi'n eithaf siŵr ei fod e'n gwneud cyn iddo fe droi'n un. I ddechrau, roedd e'n taflu nhw ac wedyn, fe ddechreuodd e studio nhw a chyn bo ni'n troi rownd, dyma ni, yn Amgueddfa Gerrig Ceredigion.

Calchfaen. Gwenithfaen. Cwarts. Tywodfaen.
Marmor. Siâl. Gwydrfaen. Llechen.
Dwi'n blasu'r enwau Cymraeg yn fy ngheg...
Mae rhai sy'n gallu cael eu casglu o'r traeth. Yn Aberystwyth

mae'r rhain – fel y rhai o Baja – yn ddirifedi ac yn tueddu i fod yn llwydlas, gydag ambell un wen, a rhai sy'n frith fel wyau adar.

A falle eu bod nhw'n edrych yn ddigon di-nod i ddechrau, ond os wyt ti'n fodlon gwneud y gwaith, mae trysorau i'w datguddio.

'Allet ti hyd yn oed ddefnyddio tumble polisher,' medd un o lyfrau fy mab, i gael y sglein gorau. (Neu os yw dy fam yn *cheapskate*, mi wneith papur tywod y tro hefyd.)

Awgrymodd fy therapydd wrtha i unwaith y galle fe fod yn syniad da tase gen i garreg neis i'w rhwbio mewn cyfnodau pryderus. Roedd y cyfnodau pryderus yn dechrau cynyddu, felly i ffwrdd â fi i'r traeth ar hast. 'Nes i ffeindio un, ddim yn bell o'r *bandstand*, un berffaith, hirgrwn, frown golau fel losin Werther's ac yn gwbl lyfn fel tase rhywun wedi bod yn rhoi sglein arni bob dydd ers blynyddoedd.

Hon ydi'r un, dwi'n cofio meddwl, a'i theimlo hi'n gynnes a chysurus rhwng fy mawd a 'mysedd.

(*Worry stones*. Cerrig pryder? Ai dyna'r term? Math arall o gerrig anwes, am wn i. Golles i hi yn y pen draw, beth bynnag; gormod o bwysau.)

Tua chanllath o'r traeth, mae 'na gerrig eraill. Dyma'r rhai sydd ddim ond yn gallu cael eu prynu yn emporiwn fwyaf gothig Aberystwyth, Stars, sy'n gwerthu rhesi a rhesi o focsys yn gorlifo efo cwartsiau, amethystau, pyrit, a rhywbeth dwi'n eithaf siŵr sy'n ffug – *unicorn quartz*. Does dim ffordd o wahanu'r cerrig yma oddi wrth yr aroglau *patchouli* cryf sy'n taro cefn y gwddw wrth ddod i mewn trwy ddrws y siop, ac am y rheswm hynny, dwi'n meddwl amdanyn nhw fel *mystical stones*.

Cerrig yr oesoedd.

(Yn fwy diweddar, mae rhagor o siopau crisialau wedi ymddangos yn y dref ond Stars ydi'r OG.)

Mae yna rai wedyn sy'n gorwedd ar y bryniau uwchben y dref, wedi'u mewnforio mewn bagiau anferthol, i'w harllwys fel grafel deniadol ar hyd y llwybrau lle mae'r academwyr yn cerdded i'w gwaith.

'Sandstone,' meddai fy mab hynaf, yn awdurdodol.

Mae e wedi bod ar y llwybr yn edrych am ffosiliau.

Amonitau, yn benodol.

Go brin neith e ffeindio unrhyw beth yn fynna, mae Iwan a finnau'n meddwl, gan chwerthin wrth ein gilydd.

Y noson honno, yn ei stafell wely, mae e'n ffeindio marciau ar arwyneb porffor y graig, fel ymbarelau bychain yn llawn sgriffiadau.

Ffosiliau.

('Cwrel,' meddai cydweithiwr i'm ffrind pan dwi'n holi be ydi'r marciau. 'Siŵr o fod yn un rugose, ond galle fod yn scleractinian os yw'r graig yn iau.')

Mae e'n ecstatig ac mae'n dechrau sylwi ar bob math o bethau fel y ffaith eu bod nhw'n defnyddio fflint fel gro y tu allan i'r Llyfrgell Genedlaethol.

Fflint oedd y garreg gyntaf i gael ei defnyddio i greu cyllyll ac arfau yn ystod Oes y Cerrig. Alla i ddim peidio â meddwl bod gro yn teimlo fel bach o *downgrade*...

Wedi dweud hynny, mae'n ddigon hawdd ffeindio'r stwff yn gorwedd ar draeth Tan-y-bwlch yng nghysgod Pen Dinas.

Mae'r nodylau melynfrown yn wydrog ac yn bert.

Mae fy mab yn eu gwthio i boteli, i waelod ei fag ysgol, i'w bocedi.

'Be ti'n mynd i neud efo nhw?'

'Creu cyllell sy'n gallu torri'r byd.'

OK, dwi'n meddwl, gan obeithio 'mod i heb fagu *Bond villain*.

Dwi'n ffeindio fy hun yn addo mynd â fe i'r Grand Canyon un diwrnod.

Mae e ishe mynd i Lanzarote hefyd achos:

1) Mae'r lle *basically* yn 100% *volcanic rock*.
2) 'Nes i ddweud wrtho fe 'mod i wedi gwneud *handstand* mewn hen losgfynydd tra bo fe yn fy mola a nawr mae e ishe mynd yno, fel rhyw fath o bererindod.

Maen nhw'n llenwi ein tŷ, y cerrig 'ma. Dwi'n ffeindio nhw dan rygs, mewn bocsys, yn gorlifo o bocedi ei drowsus, yn y peiriant golchi, yn fy mag. Mae llwch o'r ffosiliau yn gorchuddio'r landing fel lludw.

(Y gwarth, dwi'n meddwl, o fod wedi goroesi'r asteroidau, dim ond i gael dy wasgu i mewn i garped rhad yn Llanbadarn.)

'Mae rhaid i hyn stopio,' dwi'n dweud wrth Iwan. 'Allwn ni ddim byw fel hyn.'

Ond nawr ma'r byg wedi'i basio mlaen i mi achos fel fy mab, dwi'n cerdded efo fy llygaid ar y llawr fel tase disgyrchiant yn eu tynnu at unrhyw gornel lle gall carreg fod yn cuddio.

Dwi'n eu codi yn fy llaw, yn eu harchwilio dan belydrau dyfrllyd mis Ionawr; y mwd a'r llwch yn casglu dan fy ewinedd.

'I can't stop picking bloody stones up,' mae fy nhad yn cyffesu un noson. 'He's infected us all.'

***

Dwi'n darllen, un diwrnod, am Ferdinand Cheval: dyn post o Hauterives, pentref bach yn ne-ddwyrain Ffrainc, wnaeth adeiladu palas o'r cerrig roedd e'n eu ffeindio ar ei rownd ddyddiol.

Am dri deg mlynedd, aeth Cheval ati i wireddu'r adeiladau cymhleth, rhyfeddol roedd e wedi'u gweld fel plentyn yn ei freuddwydion. I ddechrau, cariodd y cerrig yn ei bocedi, yna mewn basged, ac wedyn mewn berfa. Cymerodd ugain mlynedd i ffurfio'r waliau allanol. Bydde'n gweithio drwy'r nos, dan olau lamp nwy, gan ludo'r cerrig at ei gilydd efo leim, mortar a sment. O'r diwedd, yn 77 oed, fe orffennodd, gan gychwyn wedyn ar y gwaith o adeiladu ei fedd ei hunan...

Mae Palais Idéal du Facteur Cheval yn dal ar agor i'r cyhoedd. Dwi'n Googlo'r lluniau. Mae e'n edrych fel rhywbeth fyse Gaudí wedi'i ystyried, ac wedyn gwrthod, achos bod e'n ormod. Gyda dylanwadau mytholegol, Cristnogol, Hindŵaidd yn plethu'n un, dwi'n meddwl ei fod e'n *bonkers* o hardd.

A dwi'n meddwl (eto) am y ffin aneglur 'na sy'n gwahanu diddordeb a gwallgofrwydd...

***

O'r diwedd, ar ôl misoedd o swnian, mae fy mab yn perswadio fy nhad i hollti carreg yn ei hanner iddo fe i weld be sydd tu mewn.

'Tell him to bring his swimming goggles,' medd fy nhad ar y ffôn.

Mae e'n dod adre efo'r darnau a be sy'n anhygoel ydi bod canol y garreg lwyd, hollol ddiflas, yn llawn crisialau piws fel tu mewn i ryw ffrwyth drofannol, anghyfarwydd. Tu mewn i un arall, mae cnewyllyn bach meddal, ac os ti'n ei gyffwrdd, mae'n dod i ffwrdd ar flaen dy fys fel clai neu dalc.

'Fel tase'r garreg heb orffen troi'n garreg,' meddai Iwan, sydd efo *habit* o swnio'n blydi barddonol am bob dim.

'Shut up,' fi'n dweud.

Ond mae e'n iawn.

***

Cwpwl o nosweithiau'n ddiweddarach, dwi'n cerdded adre o'r gwaith. Mae'n dywyll a dwi'n gorfod croesi llwybr coediog cyn cyrraedd diogelwch y goleuadau stryd islaw.

'Idiot,' mae Mam yn dweud wrtha i, 'I don't understand why you don't just get a taxi.'

Dwi'n codi fy ysgwyddau gan wenu, fy nghorff hanner ffordd mas o'r drws. Ond y gwir amdani ydi 'mod i'n ofnus. Bob wythnos, dwi'n llawn *bravado* am 6yh, ond dair awr yn ddiweddarach, pan mae'r goleuni wedi diflannu, mae'n stori wahanol. Dwi wedi dychmygu lot o bethe afiach yn digwydd i mi ar y llwybr yma sy'n arogli o bridd a lleithder a llwynogod. Mae pob senario yn golygu 'mod i'n gorfod ymladd gyda rhywun. Be ti fod i'w gario? O ie, dwi'n meddwl i mi fy hun wrth ddod heibio corneli pellaf y campws: allweddi. Ond be ti fod i'w wneud efo nhw? Tra 'mod i'n meddwl am hyn, dwi'n edrych lawr ac yn gweld dan y lamp stryd olaf un cyn i'r tywyllwch gymryd drosodd, cerrig; llwythi ohonyn nhw ar ochr y llwybr.

Heb feddwl bron, dwi'n codi un; mae'n ffitio'n gyfforddus i gledr fy llaw. Dyw hi ddim yn esmwyth fel y fflint ond yn onglog, yn blaen, yn arw. Yn reddfol, dwi'n gwybod fod dim byd yn bert am y garreg, dim byd yn arbennig. Ond hon dwi'n ei dewis. Heb feddwl, mae fy llaw yn llithro'r garreg i 'mhoced. Gan roi golau fy ffôn ymlaen, dwi'n cerdded, fy nghalon yn curo, i grombil powdrog y twnnel o goed sy'n gwyro lawr, lawr, ymhellach i lawr, i dywyllwch dudew.

'Dwi'n meddwl fod Gryffalo'n byw'n fan hyn,' dywedais i unwaith wrth fy mab pan aethon ni i bigo afalau o'r llwybr.

'Paid â gweud 'na,' dywedodd e. 'Neith e roi breuddwydion cas i fi.'

'Sori,' dywedais i.

(Do'n i ddim wedi bwriadu codi ofn arno o gwbl.)

Heno, dwi'n canolbwyntio ar sŵn anniddorol fy nhraed ar y concrid. Weithiau dwi'n clywed siffrwd anifeilaidd yn y llwyni, ond be sy'n codi ofn fwyaf arna i ydi'r hyn sydd y tu ôl i mi. Neu be sy'n mynd i ddod i gwrdd â fi o'r gwaelodion.

Mae'r garreg yn nythu'n fy llaw: yn oer, yn llonydd, nes i mi gyrraedd y stryd.

Mae hi'n dal i fod yn fy llaw nes i mi gyrraedd adre.

Gallet ti farchnata hwnna, dwi'n meddwl, gan ei gollwng o'r diwedd wrth y tŷ. Carreg anwes y fenyw gyfoes. Arf amlbwrpas.

Yn dawel bach, dwi'n agor y drws.

Tu mewn, mae'n gynnes neis. Mae'r plant yn cysgu ers oriau.

Tu fas, yn yr oerfel, mae'r garreg yn gorwedd – yn smalio bod yn farw – ger y pot blodau, efo'r lleill, yn aros am rywbeth.

Hank Williams

Pan ro'n i'n tua chwech oed, chwaraeodd Dad record i mi gan ddyn o'r enw Hank Williams.

'Gwranda ar hwn,' meddai.

Roedd llais y dyn yn swnio'n drist ac yn ddoniol ar yr un pryd, gan wneud i mi deimlo y gallen ni ddeall ein gilydd, tasen ni'n cael y cyfle i gwrdd.

Wrth i un gân ddilyn y llall, ro'n i'n teimlo'n sicr y *bydden* ni'n cwrdd; jyst mater o amser oedd hi, dyna i gyd.

Bydde'r manylion – yr hyn fydden i'n ei ddweud wrtho fe, yr hyn fydde e'n ei ddweud wrtha i – yn digwydd mor naturiol â gaeaf yn ymdoddi'n wanwyn.

Bydden ni'n deall ein gilydd, fe a fi.

Falle bod yr holl beth yn teimlo'n fwy realistig oherwydd fod gyda ni'r un cyfenw: Williams.

Roedd y dyn yma efo'r wên gam a'r het wen mor real i mi â fy mrawd.

(Yn fwy real a dweud y gwir achos 'mod i'n ei weld yn ddyddiol, tra bod fy mrawd ymhell i ffwrdd yn syrffio mewn llefydd pell fel Indonesia.)

Roedd e'n perthyn i ni, rhywsut.

'Lle mae e'n byw?'

'Be ti'n feddwl?'

'Lle mae e'n byw?'

'O,' meddai Dad, yn dawel. 'Mae e 'di marw, cariad.'

O dan fy asennau, teimlais fy nghalon yn torri'n dawel bach. Ddim digon i 'mrifo'n ofnadwy, jyst crac, mor fain â blewyn, yn gwbl anweladwy; ond crac fodd bynnag.

(Does dim ffordd o wybod os yw e dal yno, ond dwi'n synhwyro o wrando ar fy nghaneuon ei fod e.)

Dros y blynyddoedd nesaf, fe ddigwyddodd yr un peth, eto ac eto.

Elvis, The Big Bopper, Leadbelly.

A'r siom fwyaf: Buddy Holly.

Des i arbenigo mewn cuddio fy siom.

Gad i mi ddyfalu, bydden i'n ei ddweud wrth glywed cerddor newydd – wedi marw?

Daeth yr holl beth yn jôc: fy ffrindiau cerddorol marw.

Pob tro, roedd y sioc ychydig haws i'w hysgwyddo. Des yn fwy caled, yn fwy sinigaidd nes, o'r diwedd, do'n i'n teimlo dim.

Mae gen i galon fel asbestos bellach.

Yn llonydd fel carreg.

Pan glywais gerddoriaeth Karen Dalton am y tro cyntaf, ro'n i'n disgwyl y gwaethaf. Yr un peth efo Townes Van Zandt...

Dwi'n chwarae Hank i'r bechgyn ac maen nhw'n ei garu fe hefyd.

'I'm so lonesome I could cry.'

Yn bleserus o drist.

Ond tydyn nhw ddim yn rhannu cyfenw gyda fe ac felly tydyn nhw ddim yn poeni cymaint ei fod e wedi marw.

Mae Dad yn 81 eleni...

Eniwe, dwi ddim yn meddwl am hynna.

Jyst bod y caneuon yn gwneud i'r meddwl grwydro weithiau, dyna i gyd.

Manion

Bws

Dwi'n siŵr bod gair yn bodoli rhywle am y teimlad penodol iawn o weld y National Express o flaen Wetherspoons Aber yn barod i gychwyn ar y mega-daith i Lundain.

Os yw'r awyr yn digwydd bod yn las, las a'r tymheredd jyst ar yr ochr *crisp* o rewllyd, ti'n gorfod defnyddio pob ffeibr o dy ewyllys i beidio neidio ar y cerbyd cyn fod e'n gadael.

'Yr un teimlad,' mae Iwan yn dweud, 'â'r teimlad 'na sy'n dweud wrtha chdi i neidio pan ti ar glogwyn uchel.'

'Neu,' mae'n dweud wedyn, 'os ti'n dod o Ben Llŷn a ti'n clywad y lein "a bws Pwllheli ar gychwyn".'

(Fi'n gorfod cymryd ei air e am hyn...)

Wrth feddwl am y peth, dwi'n sylweddoli 'mod i'n dueddol o ddilyn y teimlad 'na trwy gydol fy mywyd.

Ar ôl gadael Aber am y tro cyntaf, daeth bywyd, rhywsut, i fod yn un gadwyn hir o ymadawiadau oedd wastad yn gwneud i mi deimlo'n fyw ac ychydig bach yn *glamorous*.

Sa i'n gwbod, falle mod i jyst yn caru partis gadael.

Ddim gymaint, dyddiau hyn, ddo.

Bore 'ma, dwi'n gwenu'n rhadlon ar y myfyriwr ifanc ar ochr y pafin sy'n codi llaw ar rywun ar y bws. Yn gwthio fy mhram fel rhyw fath o chwaer fawr *patronising*.

Mae paent y bws yn sgleinio, yn cyferbynnu efo'r cachu gwylanod ar y palmant, y bins ac aroglau sigaréts y bore.

Daw colomen wen heibio, yn sigledig, braidd. Mae hi wastad yn fan hyn, yr un lliw â'r bws.

Mae stêm yn codi o'r dafarn.

Ac rydyn ni'n eu gadael nhw, y teithwyr.

Yn Aberystwyth, ni'n gyfarwydd iawn efo pobol yn gadael.

Dyna sy'n digwydd wrth fyw ar stop ola'r lein.

Mae e wastad yn opsiwn. Gadael, dwi'n ei feddwl.

Ond am heddiw, rydyn ni'n cysuro'n hunain efo'r môr a'r awyr a'r sigaréts ni ddim yn smocio rhagor.

Ni yw'r rhai sy'n aros, ac mae hynny'n teimlo'n dda hefyd, nag yw e?

Mawrth

Brain yn cario brigau i wneud nythod, pethau bach gwyrdd yn gwthio rhwng y cerrig ar y ffordd lan i'r Llyfrgell Genedlaethol, briallu, gwyntoedd oer, cnocell y coed yn dechrau gwneud sŵn yn y goedwig tu ôl i'r ardd. Mae fy mab hynaf yn stwffio'i drwyn i grombil cennin pedr ac mae'r paill fel *sherbert* ar flaen ei drwyn am weddill y dydd wedyn. *Aquamarine* ydi carreg y mis yn y siop grisialau newydd dros y ffordd i'r caffi.

Mwsogl

Dwi'n cwrdd â dynes sy'n arbenigo mewn mwsogl. Mae hi wedi bod ar bererindod trwy Brydain yn cofnodi ac yn archwilio holl fwsoglau'r ynys er mwyn sgwennu llyfr. Mae hi'n adnabod yr enwau i gyd, hyd yn oed y rhai anhysbys, ac yn canmol Cors Caron fel un o'r llefydd gorau yn y byd am fwsogl. Dwi'n amau ei bod hi'n gallu siarad efo'r stwff hefyd achos dwi'n ei chanfod hi un bore yn sefyll yn llonydd yn ein gardd yn sbio fyny ar y coed, mewn gweddi o ryw fath, fel tase hi'n gwrando ar y gwyrddni, ar y pethau maen nhw'n sibrwd wrthi. Dwi ofn tarfu, felly dwi'n cadw fy hun yn brysur yn y gegin, yn stwffio bara i'r *toaster* ac yn llafurio dros goffi ffilter. Mae hi'n dod yn ôl i'r gegin rai munudau wedyn, ei breichiau'n gafael am ei chorff i gadw'n gynnes, ac yn dweud bod gyda ni fwsogl da. Dwi'n teimlo fy mrest yn chwyddo gyda balchder, fel tase hi wedi dweud bod gen i *special powers*.

Cytgan

Dwi wedi bod yn creu fideo ar sut i sgwennu cân ar gyfer prosiect sy'n darparu adnoddau creadigol i bobol sy'n gweithio yn y diwydiant iechyd a lles. Neges y fideo ydi bod unrhyw un yn gallu sgwennu cân. Ac o ganlyniad, dwi'n hollol sicr 'mod i'n methu. Mae fy iechyd a'm lles yn dirywio'n sydyn. Dwi'n stopio cysgu.

Yn benodol iawn, dwi'n methu sgwennu cytgan ar gyfer cân newydd sy'n gorfod cael ei recordio ym mis Mai (deufis i ffwrdd).

Dwi'n trio popeth.

Newid y geiriau, newid y *chords*, newid fy mhersonoliaeth.

Dwi'n trio sgwennu cytgan fel Roy Orbison, Dua Lipa, Lucinda Williams.

Mae popeth yn *shit*.

Ar ôl tair wythnos o drio a breuddwydio am y peth, dwi'n newid y cyweirnod (o G i Eb) ac o fewn munudau mae'r gytgan yn setlo, yn hapus, i'r lle oedd hi wastad isie bod.

Dwi'n tecstio fy ffrind sydd, druan â fe, wedi cael ei lusgo i mewn i'r ddrama.

'Dwi'n rhydd. #closure.'

'Ti'n hapus?'

Nid dyna'r pwynt, dwi'n meddwl, gan ddanfon emoji o ddynes yn codi ei hysgwyddau.

Y pwynt ydi: dwi'n rhydd.

Plu

Ar fy ffordd allan o ddrws WHSmith, dwi'n darllen y pennawd.

'Feathered Scum Bags Are At It Again.'

Oherwydd mod i ar frys, fydda i fyth yn cael gwybod pwy ydi'r 'feathered scum bags' na be maen nhw wedi bod yn ei wneud eto.

Dwi'n eithaf siŵr mai'r *Sun* oedd y papur.

Felly gallen nhw wedi bod yn wylanod neu'n *drag queens*.

DM

Mae dylanwadwr o America, Emma Chamberlain, wedi bod yn codi $10,000 am DMs personol ar Instagram. Os ti'n cael trafferth i gael yr arian ynghyd, ti'n gallu gwneud e ar *finance*. Dwi'n dechrau meddwl am selébs Cymreig. Ar ôl peth pendroni, dwi'n penderfynu y bydden i'n fodlon talu £10 am DM gan Gillian Elisa. Neu £20 am un gan R. S. Thomas, achos bydde hwnna siŵr o fod yn golygu dod â fe'n ôl o farw'n fyw, a falle byddet ti'n cael cerdd hefyd.

Cyffwrdd

Pethau dwi wedi dweud wrth fy meibion i beidio cyffwrdd:
- Iorwg gwenwynig
- Unrhyw fath o iorwg, acshyli

- *Deadly nightshade* neu 'ceirios y gŵr drwg' (!)
- Yr euron coch-neon 'na ti'n ei gael mewn mynwentydd
- Beddau
- Dail poethion
- Fy records

Cash

Mae fy mab hynaf angen torri ei wallt ac felly dwi'n mynd â fe at y barbwr ar yr hewl tua'r prom. Dwi'n caru mynd â fe achos ers ei fod e'n fach, mae e'n eistedd fel delw fach ddifrifol yn y gadair, yn syllu'n ddwys ar ei adlewyrchiad yn y drych, ei lygaid yn grwn, grwn. Weithiau, ni'n dal llygaid ein gilydd yn y gwydr, ac am eiliad mae'r masg yn chwalu, a ni'n cyfnewid gwên fach slei. Dwi'n teimlo'n agos, agos ato fe ar foreau fel hyn. Heddiw, dwi'n sylweddoli 'mod i wedi anghofio tynnu arian mas i dalu, ac felly dwi'n rhedeg ar draws y lôn at y peiriant yn WHSmith. Mae'n ddydd Sul, ac mae'r dref yn dawel, yn nyrsio pen mawr ar ôl y noswaith gynt. Dwi'n tynnu fy ngherdyn o fy mhwrs ac yn sylwi ar y gwaed dros y *cash machine*, y coch yn troi'n frown yn barod, fel rhwd.

Crafu

Mae'r archeolegwyr ar ben Pen Dinas eto.

Drwy ffenest y stafell fyw, o'r bryn gyferbyn, dwi'n eu gwylio.

O'r pellter hwn, mae'n anodd dweud y gwahaniaeth rhyngthyn nhw a'r gwartheg sy'n pori yn y cae drws nesaf, ond dwi'n gwybod eu bod nhw yno. Uwch eu pennau, mae'r awyr yn las, las; yr adar yn heidio tua'r môr o Gwm Rheidol a chofeb Wellington yn ymestyn yn falch i'r glesni.

Ar y soffa, wrth fy ochr, mae'r plant yn chwarae ac o dan yr wybren, dan eu pebyll gwyn, mae'r archeolegwyr yn cloddio.

Ydyn nhw'n sylweddoli ein bod ni'n gallu eu gweld nhw?

Falle eu bod nhw'n hoffi'r syniad...

Tybed am be maen nhw'n chwilio, i lawr yn y pridd?

Am un foment ryfedd, dwi'n pendroni a wnawn nhw fy nghanfod i lawr 'na, mewn ffurf fwy cyflawn...

Rhai dyddiau'n ôl, welon ni sgerbwd dynol, jyst yn gorwedd mewn cas gwydr yn Amgueddfa Ceredigion.

('They found that in the castle,' mae Mam yn dweud pan dwi'n holi).

Dwi'n dychwelyd o grombil fy mhen at y ffenest.

Nawr, mae'r archeolegwyr wedi casglu o amgylch y tŵr; mae rhywbeth eithaf annaearol amdanyn nhw, rhywbeth ddim-cweit-yn-ddynol, fel brigau sydd wedi dod yn fyw, neu *extras The Wicker Man*.

Falle 'mod i wedi gwylio gormod o'r hen raglenni 'na, y rhai lle bydden nhw'n tynnu esgyrn o'r mwd mewn llefydd anghysbell fel y Fens; lle bydde rhyw arbenigwr yn ailadeiladu'r wynebau hynafol efo clai tan eu bod nhw'n edrych fel Ozzy Osbourne. Achos erbyn hyn dwi'n hollol *obsessed* efo'r syniad o bobol golledig yn cael eu tynnu o'r pridd.

Arwyr y straeon hyn, wrth reswm, ydi'r archeolegwyr. Maen nhw'n dod â phobol yn ôl...

Mae criw Pen Dinas yn edrych am wirfoddolwyr: i gloddio, i glirio rhedyn ac eithin, ac i helpu gyda chyfeirio'r cyhoedd ar y safle. Dwi'n chwarae gyda'r syniad o fod yn arwr, ond dwi ddim yn siŵr; a beth bynnag does gen i ddim amser, nag oes?

Dim ond cwpwl o ddyddiau o fis Mawrth sydd ar ôl ac mae'r cloddio yn mynd i bara am fis arall. Ydyn nhw'n poeni am law, tybed? Ar y wefan, mae'n dweud eu bod nhw'n mynd i ganolbwyntio ar Fynedfa'r Gogledd ac ar y teras amddiffynnol i'r dwyrain sy'n dyddio'n ôl 2,000 o flynyddoedd. Maen nhw'n gobeithio dysgu mwy am bwrpas y culdir (sy'n cysylltu dwy ochr y fryngaer) – er mwyn ceisio penderfynu ai ardal gyhoeddus oedd hi, ar gyfer marchnadoedd a ffeiriau.

Mae'n syfrdanol, weithiau, cyn lleied dwi'n ei wybod am hanes fy ardal fy hun. Fy esgus ydi 'mod i ddim rili o Aberystwyth achos ein bod ni wedi symud yma o'r de pan o'n i'n dair. Felly, does dim dyletswydd arna i wybod y pethau hyn rili, nag oes?

(Ond os nad ydw i'n dod o Aber, o le ydw i'n dod go iawn? Achos dwi ddim yn cofio llawer o'r Cyfnod Cyn, ac mae'r gair CAERDYDD ar fy nhystysgrif geni yn teimlo'n hollol *random*, yn rhan o fywyd rhyw Georgia arall...)

Dwi'n darllen mai bryngaer o Oes yr Haearn oedd Pen Dinas. O'n i'n gwybod hyn? Falle 'mod i, ond 'mod i jyst wedi anghofio… Roedd y cloddiad diwethaf yn 2021 a chyn hynny'n ôl yn y 1930au.

Yn yr amgueddfa, mae rhestr o'r pethau mae Pen Dinas wedi'u 'rhoi' hyd yn hyn. (Maen nhw'n defnyddio'r gair *rhoi* fel tase'r bryn â'r pŵer i ddatgelu pethau'n ara' deg.)

Hyd yma, mae'r tir wedi ildio pethau o bob un o'r cyfnodau cynhanesyddol: offer Mesolithig, bwyell Neolithig, ffon fwyell Oes Efydd, pethau o Oes yr Haearn yn amlwg, a phethau Rhufeinig.

Mae'r papur bro yn crybwyll rhai o'r eitemau eraill: darnau bychan o jar o tua 100 CC, glain bach melyn gwydr, glain carreg, dau *spindle whorl* (be bynnag ydi'r rheini), darnau bychain o haearn ac efydd a thros gant o gerrig traeth neu afon a fydde fwy na thebyg wedi cael eu defnyddio mewn *slings* i amddiffyn y gaer.

Darganfuwyd darn arian Rhufeinig mewn tomen twrch daear yn 1930 a daeth mwy o gerrig sling i'r amlwg ar ochr ddeheuol y gaer yn dilyn tân yn y rhedyn yn 1999.

Ond mae wastad mwy i'w ganfod.

Felly, mwy o gloddio.

'Fydden nhw'n hapus efo rhywbeth bychan, bychan?' dwi'n gofyn i neb yn benodol wrth wylio'r brigau-byw yn symud ar ben y bryn.

Dyw popeth ddim yn gorfod bod yn gelc o aur, yw e?

All pawb ddim bod yn Edith Pretty yn Sutton Hoo.

★★★

Y bore wedyn, mae Iwan yn cyhoeddi ei fod e'n mynd â'r bechgyn i ddringo Pen Dinas. Dwi fod yn gweithio felly'n amlwg dwi'n penderfynu mynd efo nhw.

Mae'r bore'n dod i gwrdd â ni wrth y gât; yn gynnes, yn gwenu. Yn y pellter, mae grwndi isel y traffig i'w glywed, ond yma, yn ein clustiau ni, mae'r adar. Ni'n gweld nhw: y robinod, y brain, y pethau bach pluog yn y cloddiau. Ac o'r fan hyn, o ochr wahanol y dyffryn, fel tasen ni wedi mynd trwy ddrych: ein tŷ ni fel breuddwyd aneglur ar ochr arall y dyffryn.

Mae rhyw lonyddwch hyfryd yn gorweddian dros y lle fel tase'r dydd yn newydd-anedig ac ar foreau fel hyn, mae cyfle i ni fod yn newydd ac yn wahanol hefyd.

Yn hytrach na dringo'r llwybr serth eithinog tua'r top, ni'n gwyro i'r dde, ar hyd troedffordd wlyb sy'n rhedeg, fel belt, ar hyd ochrau'r bryn. Dwi ddim yn cofio dilyn y llwybr hwn o'r blaen ac yn sylwi nawr 'mod i erioed wedi gweld y dref o'r ongl hon. Mae e wastad yn bosib ffeindio llwybrau newydd, hyd yn oed yn rhywle ti'n ei adnabod yn dda.

Dyma ni, te: yn chwerthin wrth neidio i osgoi pyllau neu lynnoedd mawr mwdlyd sy'n bygwth ein boddi, yn crio wrth i ni fynd yn styc ar ynysoedd bach o fwd ac yn gorfod cael ein cario i dir sych. Mae'n 'sgidiau a'n traed yn frown gyda mwd.

Y tu ôl i ni, mae Cwm Rheidol yn ymestyn i'r pellter, y melinau gwynt fel gwarchodwyr ar dop y bryniau. O'n blaenau, rydyn ni'n gweld y môr, y dref yn gysglyd yng nghrwc y bae, a thopiau'r adeiladau ar ben Consti yn goch, goch fel pebyll syrcas. Mae'r haul yn cynhesu'n croen yn ara' bach, ac yna'n sydyn, tua chanllath i ffwrdd, ni'n gweld *portaloos* yr archeolegwyr.

Dwi'n teimlo ychydig bach yn *starstruck*.

Rydyn ni'n agosáu.

Rydyn ni'n parhau i ddringo, yn pasio'r gwartheg sy'n pori ar olion yr hen fynedfa ac yn troi'r gwair o gwmpas eu cegau'n fodlon.

A dyna *nhw*, o'r diwedd ac rydyn ni'n gweld eu bod nhw'n fodau dynol, wedi'r cyfan.

Dau berson, mewn twll, eu pennau'n plygu, eu dwylo'n symud: yn brwsio, yn archwilio...

Mae'r dyn yn codi i'n cyfarch ni. Mae e'n dal, wedi'i wisgo fel tase rhywun yn dychmygu y bydde archeolegwr yn gwisgo. Mae e'n gwenu wrth weld y cyffro ar wyneb fy mab hynaf ac yn galw arno i weld y ffos sy'n rhedeg yr holl ffordd i ganol y bryn fel agoriad twnnel.

Mae'r ffos yn frith gyda cherrig.

Cerrig, meddai'r dyn, a roddwyd yno gan rywun tua 4,000 o flynyddoedd yn ôl i wneud wal.

Enw'r dyn ydi Marco.

Dwi'n gwirfoddoli, mae e'n dweud yn swil mewn Saesneg.

Mae e'n dangos i ni shwt bod un ochr y ffos yn llyfn a'r llall yn dolciog.

Daw'r ochr llyfn, meddai e, o gloddiad y 1930au. Naethon nhw agor hi lan, a phan orffennon nhw, fe lenwon nhw hi 'nôl gyda pridd.

'Dyna be ni'n mynd i neud hefyd.'

Maen nhw wedi bod yn astudio nodiadau'r archeolegwyr o'r 1930au, yn trio gwneud synnwyr o'r holl beth.

Mae fy mab hynaf yn dawel, yn cwtsio lan ata i, a'r un bach yn gweiddi am rywbeth.

Dwi'n holi am be maen nhw'n chwilio.

Mae Marco i weld yn ansicr.

'Nobody lived here, as such...'

Dwi'n cofio'r holl bethau 'na: y jar, y glain melyn, yr holl gerrig i amddiffyn, i ladd...

Mae wyneb Marco yn goleuo nawr wrth gofio rywbeth.

Maen nhw wedi darganfod marblen.

Siŵr o fod, meddai e, wedi'i gollwng gan blentyn oedd yn chwarae wrth y ffos yn y tridegau. Plentyn un o'r criw, falle, neu jyst un o blant y dref oedd wedi dod lan i'r mynydd i weld beth oedd yn digwydd.

Mae e'n gofyn a yw fy mab hynaf eisiau eistedd yn y ffos a gweld yr offer.

Does dim angen gofyn dwywaith. Yn amyneddgar, mae Marco yn dangos iddo sut i frwsio'r pridd. Ar y diwedd, mae e'n codi carreg o'r ffos ac yn ei rhoi hi i fy mab.

'Gei di hon.'

Allith e ddim deall cymaint mae hyn yn ei olygu. Neu falle fod e. Dwi'n teimlo fel crio ychydig bach achos fod pobol yn gallu bod mor dda ac mor glên.

A dwi'n meddwl am y farblen a'r plentyn anhysbys; a chyn hynny, am y person – neu'r bobol – a ben-gliniodd yn y fan hon i osod y cerrig, un ar ben y llall, i greu wal.

Rydyn ni'n ffarwelio efo Marco, sy'n mynd yn ôl ar ei liniau i gloddio, ac yn troelli o amgylch ochr y bryn, fel patrwm ar lain o wydr, i fyny at dŵr Wellington.

Mae ton o fêl a chnau coco yn taro cefn ein trwynau a'n gyddfau; yr eithin.

I'r dde, mae'r môr yn ymestyn allan tuag Iwerddon ac i America.

Rydyn ni'n dringo, neu'n hytrach yn stryffaglu i fyny'r llethr, yr adrenalin yn ein cario i'r top lle rydyn ni'n cael cyfle o'r diwedd i gael ein hanadl yn ôl.

Oddi tanom, mae llond llaw o gloddwyr eraill yn tyrchu ar ochr wahanol o'r gaer, eu whilberi yn prysur lenwi.

Rydyn ni'n eistedd wrth y tŵr, ein cefnau yn erbyn y garreg gynnes.

Mae'r un bach yn gofyn a oes drws i fynd i mewn.

'Nag oes,' meddai'r hynaf.

Ac mae e'n pwyntio i'r de at fast Blaenplwyf yn y pellter.

'Tŵr arall.'

'Ie, 'drycha,' dwi'n ffeindio fy hunan yn dweud. 'Tŵr ffôns.'

'Tŵr ffôns,' meddai'r un bach, gan dderbyn yr enw yn gwbl hapus.

Mae'r hynaf yn palu yn y pridd, yn adleisio symudiadau Marco. Ar ôl sbel, mae'n troi aton ni.

'Os 'da ti rywbeth i fwyta, Mam?'

'Oes,' dwi'n ateb, gan dynnu dwy fanana o'r bag.

***

Ar y llwybr i lawr, ni'n gweld brân yn ymladd efo bwncath; draenen wen yn minglo efo'r eithin; yr afon yn gwyro tua'r môr.

A ninnau, fel pobol fach brigau, ddim cweit yn ddynol, yn cecru ac yn chwerthin, yn ymlwybro tuag adre.

***

Mae'r archeolegwyr wedi mynd o Ben Dinas bellach ond dwi'n dal i feddwl amdanyn nhw.

A dwi'n meddwl am yr olygfa 'na yn *The Dig* lle mae Carey Mulligan (yn chwarae rhan Edith Pretty) yn gorwedd yn amlinelliad y llong hynafol yn Suffolk efo'i mab bach yn ei breichiau a'r sêr a'r gorffennol yn eu siglo nhw'n dawel tua chwsg.

Yr holl hanes 'na.

A dwi'n meddwl nawr 'mod i'n dechrau deall.

Yn dechrau deall pam ein bod ni'n mynnu cloddio.

Cuddio ydyn ni. Achos be well i gysuro poen y presennol ac arswyd y dyfodol, na'r gorffennol? Ydi, mae'r gorffennol yn rhoi cliwiau i ni. Ond yn fwy na hynny, mae'n rhoi gobaith: yn y syniad fod pethau *yn* para, er gwaetha'r dinistr a'r tristwch a'r llygredd. Maen nhw'n para, i lawr yn y tir, dan yr haenau. A falle arwydd ydi hyn y bydd rhywbeth ohonon ni'n para hefyd, hyd yn oed os nad ydyn ni'n goroesi. Mae'r gobaith yn gwbl ddiwerth, ond mae'n hardd ac yn radical hefyd, i wthio'n dwylo i'r mwd, i gladdu'n pennau yn y pridd, a chloddio. I lawr heibio'r gwahaddod a'r mwydod; heibio'r darnau bychain o grochenwaith; y gwreiddiau; heibio'r esgyrn, y cregyn, y darnau o efydd ac aur; i lawr, ym mhellach i lawr, tan bo ni'n cyrraedd rhywbeth sy'n teimlo'n gyfarwydd, fel adre.

Manion

Iesu Tirion

Weithiau, os ti'n camglywed llinell mewn cân, mae'n amhosib wedyn i anghofio'r ddelwedd wreiddiol, hyd yn oes os wyt ti'n dysgu'r geiriau cywir.

'I can see clearly now, Lorraine has gone.'

'I believe that the hotdogs go on.'

Neu'r emyn 'Iesu Tirion', un o'r caneuon cyntaf i mi ei chlywed yn y Gymraeg mae'n debyg, sy'n dweud (yn fy mhen i, beth bynnag):

'Wrth fy ngwendid, triga'r Ha.'

Fel tasen nhw'n dweud bod yr haf yn byw yn ein gwallau ni. Ac yn fy meddwl dwi'n gweld y petalau melyn yn gwthio fyny rhwng fy mhechodau, fel blodau dant y llew trwy'r craciau yn y pafin.

Llanbadarn

Rydyn ni'n byw yn Llanbadarn. Mae'n rhyfedd i feddwl bod Dafydd ap Gwilym mwy na thebyg wedi cerdded heibio'r tŷ hwn, neu heibio'r tir oedd yma cyn bod y tŷ yn bodoli, o leiaf. A bod e'n hoffi mynd â Merched Llanbadarn i'r coed yn y fynwent ger yr eglwys lle blynyddoedd yn ôl ges i fy ffilmio gan grŵp o fechgyn o'n i'n hanner eu hadnabod ar eu Nokias cyn 'mod i efo amser i sylweddoli'n iawn beth oedd yn digwydd achos 'mod i'n trio bod yn *tough*.

Georgia, Georgia...

Mae'n fore dydd Mercher, ac fel cloc, mae Google Alerts yn cyhoeddi bod Georgia Ruth arall wedi marw yn America. Mae hyn yn digwydd, ar gyfartaledd, tua tair gwaith y mis a dwi wastad yn teimlo'n drist o ddarllen bod un arall wedi mynd.

Georgia Ruth (1935-2023) o McHenry, Illinois oedd y ddiwethaf a nawr, Georgia Ruth (1942-2023) o Wilmington, Gogledd Carolina.

'Nes i osod y Google Alerts tua 10 mlynedd yn ôl er mwyn cadw tabs ar unrhyw adolygiadau o fy albyms, ond erbyn hyn dim ond *alerts* am farwolaethau'r Georgias dwi'n eu cael.

(Ffantasi arall: un diwrnod hoffwn i drio cwrdd â chymaint ohonyn nhw â phosib cyn eu bod wedi mynd am byth...)

Un tro, pan o'n i tua un deg tri, o'n i'n eistedd drws nesaf i ddynes ddiarth ar awyren yn ôl i'r D.U. o Kalamata. O'n i wedi bod ar wyliau efo Mam ac am ryw reswm roedden nhw wedi'n rhoi ni mewn seddi ar wahân.

Fe ddechreuon ni siarad efo'n gilydd, y ddynes o wlad Groeg a fi.

'Beth yw dy enw di?'

'Georgia,' meddwn i.

'O,' meddai hi, 'a finne'.

O'n i wrth fy modd.

'Ti'n gwybod fod e'n golygu "merch y tir"?'

Hmm, meddyliais, wrth edrych lawr ar fy sandalau New Look.

Dwi'n aml yn meddwl amdani, y Georgia arall.

Does dim cymaint ohonon ni'n Aber.

Dwi'n falch i gael y lleill, ond dwi'n drist eu bod nhw'n mynnu marw o hyd.

Patrymau

Yn ystod y dydd, mae'r llwybr du sy'n gartref i'r Gryffalo yn llwybr gwyrdd.

Dyna ni'n alw fe ers rhai blynyddoedd nawr – Y Llwybr Gwyrdd.

Mae e fel twnnel, bron, yn arwain i fyny at gampws y Brifysgol. Capel gwyrdd i'r anffyddiwr, yr agnostig, a'u hepil bach budr yn eu cotiau seis-yn-rhy-fach. Ac mae'n berwi efo bywyd. Pethau gwyrdd, fel arfer, a does dim angen ofni achos mae'r heulwen yn treiddio i lawr trwy'r dail, yn cynhesu ein pennau.

Mae 'na aroglau damp, gwyrdd, hyfryd.

Mwsoglau, dail a baw anifeiliaid bychain.

Ar y Llwybr Gwyrdd dwi'n dechrau sylwi ar bethau: sut mae rhedyn yn edrych yn union fel amonit wrth ddadrolio neu sut mae moch coed wedi'u torri yn edrych fel yr esgyrn tameidiog ar asgell *ichthyosaur*. (I fy mab hynaf mae'r diolch am hyn, a'i holl lyfrau am ffosiliau.)

O'r diwedd, pan ti'n cyrraedd pen y llwybr, ddim yn bell o le ffeindies i'r garreg, ti'n dod allan i ganol heulwen braf a ti'n gallu dewis i naill ai fynd am y campws gan ymuno â'r llif cyson o academwyr a myfyrwyr ar eu ffordd i'r gwaith, neu ar ddiwrnod fel heddiw lle mae'r campws yn wag ac yn dawel, elli di fynd am i fyny tua'r goedwig pinwydd bychan sy'n edrych dros y cae pêl-droed.

Ar y dde, cyn i ti gyrraedd y goedwig, mae'r ganolfan

filfeddygaeth newydd sbon. Mae'r plant yn stopio i syllu trwy'r gwydr ar y sgerbwd ceffyl yn y ffenest.

'Drycha,' meddai'r hynaf wrth ei frawd bach hydwyll. 'T-Rex.'

'Ie,' meddai'r un bach yn ddigon hapus, gan bwyntio at y Fari Lwyd. 'Deinosor.'

Ebrill

Topas yw carreg y mis yn y siop dros y ffordd a dwi'n meddwl, fel bydda i wastad yn ei wneud ar ddechrau Ebrill, am y gân Simon and Garfunkel 'na, 'April come she will'. Dwi'n meddwl fy mod i wedi gweld gwennol gynta'r flwyddyn yn hedfan dros y lanfa sy'n arwain i'r goleudy, yn gwibio uwchben y tonnau gwyn, hufennog.

'Really?' mae fy rhieni wedi synnu. 'They're not usually here until the 17th...'

Pwy farwodd a'ch gwneud chi'n PA i'r gwenoliaid? dwi'n meddwl yn surbwch, gan wybod hefyd eu bod nhw'n iawn.

Mae tudalen flaen y *Cambrian News* yn cyhoeddi: 'Ceredigion Coast Heavily Polluted'.

Yn Swydd Efrog, mae pysgod bychain marw yn casglu ar hyd glannau afon Skeeby Beck. Dwi'n darllen y geiriau 'toxic spill'. Mae'r afonydd yn marw a dwi'n mynd â'r teulu ar *package holiday* i Ibiza.

Mai

Mis dwi'n hoffi gymaint nes 'mod i'n gwneud albym amdano. Mis y mêl, ac enw canol fy Nan. Blodau ym mhob man, yn gorwedd fel conffeti budr pinc yn y draeniau ac ar ochr y ffordd. Mae un o fy ffrindiau gorau yn priodi dan gwmwl o gonffeti a dwi'n meddwl mai dyna'r unig dro dwi wedi gweld conffeti'n gweithio fel y dylai fod. Yn mynd am i fyny, ar y gwynt, yn lle cwympo'n ôl i'r pafin yn un twmpath siomedig.

Mae blodau dant y llew yn troi'n wyn, a dwi'n dysgu'r un bach i'w chwythu. Mae e'n galw nhw'n dant y lion, sy'n gwneud i mi deimlo'n ansicr am y fagwraeth ddwyieithog mae'n ei chael.

No-mow May – dim hau ym Mai? – yn rhoi saib tawel i lanast yr ardd ffrynt, a dwi'n dechrau teimlo'n falch wrth weld blodau'r feillionen yn ymddangos. Mae caca mwnci yn llenwi'r cloddiau, y plant yn eu sticio nhw i'n siwmperi. 'Goose grass,' ddywedodd ffrind rai blynyddoedd yn ôl. Roedd e'n ynganu'r *grass* fel *arse* ac yn fy ngorfodi i i yfed te wedi'i wneud o'r stwff oedd yn blasu fel pi-pi gefn llwyfan. A finnau'n dweud 'oh yes, I can really taste the benefits' wrth wenu trwy fy nannedd a thrio peidio edrych yn rhy fanwl i gannwyll ei lygaid.

Ail-ryddhau

Mae deg mlynedd wedi mynd heibio ers i mi ryddhau *Week of Pines*, fy albym cyntaf. I nodi'r achlysur, dwi'n ymdrin â'r peth yn yr un ffordd 'nes i efo fy mhen-blwydd yn 30 – *relentless positivity* i bapuro dros yr arswyd. Ac mae hyn yn golygu – ail-ryddhau'r albym ar finyl 180g moethus. Pan ddaw'r diwrnod, dwi'n teimlo'n rili dda am yr holl beth.

Ond yn methu peidio â meddwl 'mod i wedi bod ychydig yn fyrbwyll.

Dwi efo'r ffantasi yma, lle mae rhywun yn darganfod fy records mewn siop elusen pan dwi'n 70, ac yn disgyn cymaint mewn cariad efo nhw – efo fi – nes eu bod nhw'n *gorfod* ailryddhau'r gerddoriaeth ar label rili chwaethus yn America, a 'mod i'n cael mynd wedyn ar daith rownd y West Coast, yn cael sgyrsiau efo llwyth o bobol ifanc, yn enwedig y rhai pert. Mae'r gân yn ymddangos mewn ffilm *indie*. Dwi'n ailenedig, wedi fy adfywhau. Dwi'n prynu tŷ yn Portland, Oregon.

Palod

Yn Ebrill a Mai, mae'r palod yn dychwelyd i Sir Benfro, i ynysoedd Sgomer a Sgogwm. Mae erthygl ar wefan y BBC yn dweud bod y nifer fwyaf erioed o balod wedi eu cyfri ar Sgomer eleni, yr uchaf ers iddyn nhw ddechrau cyfri ar ddiwedd yr wythdegau. Mae hyn, fwy na thebyg, o ganlyniad i'r cynllun bridio sydd ar yr ynys.

Mae palod yn adar ffyddlon sy'n ffafrio monogami dros unrhyw drefn fwy hyblyg. Maen nhw'n aros efo'r un cymar am byth ac yn cael un babi bob blwyddyn. Mae'r ddau riant yn gori'r wy (rhwng 35-45 niwrnod).

Mae warden Sgomer, Leighton Newman, yn falch iawn o ganlyniad y cyfrifiad. Os ydi nifer y palod yn iach, mae'n newydd da i iechyd y môr hefyd. Os ydyn nhw'n dala lot o bysgod yn yr ardal, ac yn creu lot o fabis, mae'n dangos fod moroedd Sgomer yn ffynnu sy'n gwneud i mi deimlo'n wirion o hapus, achos mae popeth yn teimlo mor ddigalon weithiau…

Mae e'n disgrifio sut maen nhw'n gwneud y cyfrif. Mae'r

tîm yn aros am ddiwrnod llonydd ac yna'n rhannu'r ynys yn saith rhan.

'We go round with a clicker, and we count all of the birds on land, all of the birds on sea, and all the birds in the air.'

Mae e'n swnio fel Noa.

Anhygoel, dwi'n meddwl. A dwi'n meddwl hefyd, sut y bydde'r dasg yma, efo'r ailadrodd a'r elfennau obsesiynol, yn fy siwtio i'n berffaith. Am eiliad, dwi'n cael fy nhemtio i gofrestru i fyw ar Sgomer, cyn cofio 'mod i wedi cael yr union yr un ffantasi am Enlli.

A'r peth olaf mae'r ecosystem fregus a phwysig yna ei hangen ydi *townie* fel fi'n troi fyny efo *clicker*.

Gorse Flower Fudge
Mae'r geiriau'n dal fy llygaid mewn cylchlythyr gan gwmni dillad a *lifestyles* drud dwi'n methu ei fforddio… *Gorse Flower Fudge*. Ar yr un diwrnod, mae Georgia Ruth arall yn marw yn Dayton, Ohio. 1929-2023.

Stiwdio
Pethau ti'n gallu eu ffeindio y tu fas i stiwdio recordio:

Plectrums, gwaelodion sigaréts, llygoden wedi marw.

(Pethau eraill ti'n gallu eu ffeindio: gobeithion, breuddwydion, urddas.)

Crystals
Bore glas arall. Dwi'n gadael *voicenote* i fy ffrind, Iwan.

'Mae'n anhygoel fan hyn,' dwi'n dweud. 'Ti'n gwybod y

dyddie 'na lle mai'r unig beth sy'n torri'r glas ydi llwybrau gwynion yr awyrennau ar eu ffordd i lefydd poethach...'

(Falle 'mod i ddim wedi'i ddweud e cweit fylna chwaith! Ond y math 'na o beth...)

Mae'r National Express wrthi'n gadael yr orsaf fysys. Dwi'n hoffi mynd i weld y môr peth cyntaf ar foreau fel hyn, fel rhyw ddefod fach. Alla i ddim peidio. Mae'r môr yn fy nhynnu ato, a dwi'n gwbl ddibŵer. 'Nes i ddysgu hen air am y môr ddoe – gweilgi. Wrth ddod heibio Stars, mae'r crisialau'n pefrio'n y ffenest, a dwi'n teimlo, am eiliad, fod popeth yn mynd i fod yn iawn.

Artemia

Dwi'n poeni'n arw am y *sea-monkeys*.

Mae tua chwe diwrnod wedi mynd heibio ers i ni agor y paced a'u hau nhw ar wyneb y dŵr.

Dwi'n syllu ar yr dŵr llwyd ond yn gweld dim byd.

'Ble ydych chi?'

Y rheswm 'mod i'n poeni ydi 'mod i *wedi* gweld un.

Echnos, yng ngolau gwan un o lampau'r stafell fyw, wrth dacluso teganau'r plant, gwelais greadur bach yn hwylio trwy'r dŵr, ei gorff wedi'i oleuo'n hardd gan y golau.

Yn gramennog.

Yn dryloyw.

Yn fyw.

Ond ers hynny, dim byd, nada.

Dwi'n archwilio'r dŵr bob bore tra bo fy mab yn gofyn:

'Ydyn nhw wedi deor?'

'Ddim eto.'

***

Dwi wedi bod yn y fan hyn o'r blaen. Achos, er nad o'n i'n berchen ar garreg anwes fel plentyn, roedd gen i *sea-monkeys*.

Mwncïod y môr.

'The World's Only Instant Pets,' yn ôl y disgrifiad.

Roedd y syniad yn un syml: tyfu anifeiliaid o ddim byd a'u cadw mewn acwariwm bach yn dy lofft.

Be well?

Ar ôl perswadio dy rieni, yr unig beth i'w wneud oedd agor

paced yn llawn wyau microsgopig, eu gwasgaru nhw dros y dŵr, cymysgu'r holl beth gyda llwy fechan, ac aros.

Roedd sibrwd geiriau hud yn ddewisol, ond nid yn angenrheidiol.

(Mae'n siŵr 'mod i wedi gwneud, ro'n i bach yn *mystical* bryd hynny, hefyd.)

Yn y tymheredd dŵr cywir, tua 26°C, bydde'r wyau'n dechrau deor mewn 4-6 diwrnod.

Do'n i ddim yn hollol siŵr be yn union fydde'n ymddangos yn y tanc ac roedd hyn yn gyffrous.

Er bod fy meddwl rhesymol yn gwybod na fydde mwncïod bychain yn *gallu* byw mewn tanc wedi'i brynu mewn panig gan Dad yn Argos, roedd rhan arall ohona i'n dal i obeithio...

(Pwynt diddorol: dwi'n cofio mwy am yr aros nag ydw i am y deor a be bynnag ddaeth wedyn.)

***

Falle bod angen ychydig bach o gyd-destun yn fan hyn a maddeuwch i mi os nad ydi dim o hyn yn newydd i chi, ond ro'n i'n synnu o ddysgu bod y mwncïod wedi bod o gwmpas ers dros 50 mlynedd.

Roedd y syniad hyd yn oed yn hŷn.

Yn 1957, penderfynodd dyn o'r enw Harold von Braunhut greu rhyw fath o acwariwm newydd i blant, i fanteisio ar boblogrwydd ffermydd morgrug. Falle ei fod e hefyd yn tapio mewn i'r diddordeb newydd mewn bydoedd tanddwr, yn sgil anturiaethau *technicolour* Jacques Cousteau. Beth bynnag, bydde acwariwm Harold yn gartref i fath penodol o greadur y môr – y berdysyn dŵr hallt, neu'r *brine shrimp*. *Artemia* yn

Lladin. Er mwyn datblygu'r syniad, aeth von Braunhut i weithio efo biolegydd morol o'r enw Anthony D'Agostino, er mwyn creu cymysgedd o gemegau a maetholion sych y galle rhywun ychwanegu at ddŵr tap i greu cynefin addas ar gyfer y creaduriaid.

Yn 1972, roedd ei batent yn llwyddiannus.

Yr enw gwreiddiol arnyn nhw oedd *Instant Life*, ond newidiwyd i *sea-monkeys* yn 1962 er mwyn adlewyrchu'r ffaith fod cynffonnau'r creaduriaid yn edrych, medden nhw, fel cynffonnau mwncïod.

Roedd rhywbeth eithaf *sci-fi* am y syniad o greu bywyd o ddim byd, ac i fanteisio ar hyn, hysbysebwyd y 'mwncïod' mewn *comics* trwy gydol y chwedegau a'r saithdegau, gan ddefnyddio lluniau trawiadol yr arlunydd Joe Orlando.

Roedd llawer o bobol yn siomedig o ddarganfod cyn lleied roedd y creaduriaid yn ymdebygu i'r lluniau, a'u bod nhw'n marw mor gloi.

Ond roedden nhw'n dal i fod yn boblogaidd trwy'r degawdau.

Yn 1998, tra 'mod i'n trio magu fy mwncïod yn Aberystwyth, aeth y gofodwr John Glenn â rhai i'r gofod ar fwrdd y Discovery, fel rhan o daith STS-95. Naw diwrnod wedyn, dychwelodd y creaduriaid i'r ddaear. Wyth wythnos yn ddiweddarach roeddent yn deor gyda dim yn awgrymu fod y daith epig wedi amharu arnynt o gwbl.

***

A pham 'mod i, yn 36 oed, wedi penderfynu dychwelyd i fyd ansicr y berdysyn?

Dwi'n beio'r teledu.

Un bore, cyn amser mynd i'r ysgol, ymddangosodd hysbyseb *sea-monkeys* ar y sgrin.

Roedd fy mab wedi gwirioni.

'Waw!'

Ac yna:

'Ga'i nhw, Mam?'

Mewn ffit o *nostalgia*, dyma benderfynu prynu rhai ar gyfer ei ben-blwydd yn chwech.

'God,' meddai'r dyn yn Argos, 'that's a bloody blast from the past. I might get some...'

(Sy'n peri i mi ofyn – i *bwy* 'nes i brynu'r creaduriaid, go iawn?)

Yn y cyfamser, rydyn ni'n dal i aros am y deor.

Ac falle mai aros fyddwn ni.

Falle 'mod i wedi prynu bedd dyfrllyd.

Anrheg berffaith, Georgia. Da iawn.

Nice one.

***

Dwi'n gweld nawr nad y creaduriaid eu hunain oedd yn apelio ond yr hyn oedd yn eu cadw nhw'n saff.

Alla i weld y cartref bach gwreiddiol 'na yn fy meddwl o hyd: plastig glas rownd yr ymylon, ac wedyn y rhan glir, gyda swigod bach fel chwyddwydr er mwyn gallu gwylio'r mwncïod yn nofio o gwmpas y lle.

(Dyw'r dyluniad ddim wedi newid o gwbl gyda llaw, sy'n dod â chysur.)

Y syniad o wrthrych sy'n dal pethau byw, y syniad o edrych arnyn nhw trwy wydr: mae 'na rywbeth reit fyfyriol am yr holl beth.

Neu falle fod e' bach yn fwy *voyeuristic* na hynny.

Dwi wastad wedi caru *Big Brother, Love Island, The Truman Show* lle ti'n rhoi llwyth o bobol mewn tŷ, neu *villa*, a'u gwylio.

Yn yr un modd, dwi'n caru unrhyw fath o acwariwm.

Y cyntaf i feddiannu fy nghalon, tua'r un cyfnod â'r *sea-monkeys*, oedd y Sea Life Centre yn Rhyl.

Wrth syllu trwy'r gwydr ar y lliwiau, y planhigion, ar y pysgod yn symud mor hardd trwy'r dŵr, bydde fy nghlustiau'n llenwi efo sŵn y swigod yn y cyfarpar oedd yn cadw'r tanciau yn lân.

Dwi'n cofio'r môr-gathod efo'u hwynebau bach digri.

(Nid eu hwynebau go iawn, dwi'n gwybod, ond roedden nhw mor ciwt.)

Y siarcod...

Roedd e'n gwbl hudolus.

Bydden i'n teimlo fy nghorff, fy nghalon, fy anadl yn llonyddu yn y byd glas hwn.

Am wn i, mae e wedi sbarduno cariad mawr tuag at gerddoriaeth *ambient* achos acwariwms ydi cartref naturiol y math yma o gerddoriaeth!

(Dwi'n meddwl mai comisiwn fy mreuddwydion fydde sgwennu rhywbeth i'w chwarae mewn acwariwm – rhag ofn fod *entrepreneur* acwatig yn darllen hwn...)

Unwaith, yn ystod y pandemig, fe greon ni ganolfan bywyd môr ein hunain ar ddamwain.

Roedd cofid ar bawb, ac mewn ymgais i ddod â heddwch i'r tŷ, dyma rywun yn cau'r llenni, yn taenu *duvet* efo lluniau o greaduriaid y môr arno dros lawr y stafell fyw, gan roi'r plant i orwedd arno, cyn pwmpio *Waiting For Cousteau* gan Jean-Michel Jarre i'r tywyllwch.

'Intense,' meddech chi.

Ond, bron yn syth, syrthiodd y plant i drwmgwsg llethol; eu cyrff bach poeth yn cael eu lleddfu gan y synths.

Am fisoedd wedyn, dim ond chwarae 30 eiliad o'r stwff oedd angen i'w cael nhw i gysgu'n syth.

Beth bynnag... i ddychwelyd at yr acwariwm go iawn.

Mae e'n ymwneud efo gwylio, dwi'n meddwl.

Allith rhywun ddim gwneud llawer mwy na gwylio mewn acwariwm ac i rywun fel fi, sy'n gorfeddwl pob dim, mae hynny'n bwerus.

Mae stiwdios yn acwariwms hefyd. O'r stafell reoli, ti'n rhythu trwy'r gwydr ar y sbesimens sy'n nofio o gwmpas y lle yn tiwnio gitarau, yn gosod ceblau, yn gadael eu cwpanau gwag o gwmpas y lle. Mae e'n gwbl gyfareddol.

***

Dwi'n sylwi gymaint o enwau dynion sydd wedi bod yn y darn hwn hyd yma.

Harold, Jacques, Anthony, Joe, John, Jean.

Wel, dyma enw arall.

Jeanne.

Jeanne Villepreux-Power, i ddweud ei henw llawn.

Roedd hi'n fiolegydd morol o Juillac yn Ne Ffrainc a hi oedd yn gyfrifol am ddyfeisio'r acwariwm.

(Ymhell cyn hynny, roedd hi hefyd yn gwneud dillad sy'n esbonio falle pam ei bod hi mor wych yn datrys problemau. Mae hefyd yn werth nodi ei bod hi, yn 18 oed, wedi cerdded dros 400km o Juillac i Baris er mwyn dysgu ei chrefft. Hi ddyluniodd ffrog briodas y Dywysoges Caroline yn 1816.)

Trodd Jeanne ei sylw at fyd natur pan symudodd i Sicily efo'i gŵr, James Power. Wrth gerdded o amgylch y lle, bydde fe'n mwynhau cofnodi'r hyn roedd hi'n ei weld, yn casglu samplau (gan gynnwys ffosiliau), ac yn cadw cofnod o ecosystem unigryw yr ynys.

Ar ryw bwynt, mae'n rhaid bod pethau wedi mynd ymhell y tu hwnt i hobi, achos yn fwyaf sydyn, fe ddechreuodd hi gymryd diddordeb penodol mewn seffalopodau: yr octopysau a'r môr-lewys di-ri oedd yn nofio trwy foroedd cynnes Sicily.

Sylwodd Jeanne bod angen rhyw fath o ddysgl fydde'n caniatáu iddi arsylwi ar un grŵp o greaduriaid dros amser. Er bod anifeiliaid y tir yn gymharol rwydd i'w gwylio, roedd pethau'n mynd yn anoddach dan y dŵr. Aeth ati, felly, i ddatblygu tri math gwahanol o danciau gwydr:

1. Yr acwariwm, yn union fel rydyn ni'n ei adnabod heddiw.
2. Tanc y gellid ei ollwng i'r môr.
3. Cawell gydag angor, hefyd i'w ollwng i'r môr, ar gyfer pethau mwy fel molysgiaid.

Roedd y canlyniadau'n arloesol.

Prif ffocws ei hymchwil oedd yr *Argonauta Argo*: math arbennig o octopws, sydd i'w canfod o gwmpas y byd ond gan amlaf ym Môr y Canoldir, sydd efo sglein lliw glas arbennig o gwmpas ei lygaid, ac – falle'n fwy anarferol – yn byw mewn cragen. Yn y 1800au, roedd cryn ddryswch am gregyn y creaduriaid hyn. Oedden nhw'n eu creu eu hunain neu oedden nhw'n defnyddio rhai anifeiliaid eraill (yn debyg i'r *hermit crab*)? Dangosodd astudiaethau Jeanne mai nhw, yn ddi-os, oedd yn creu'r cregyn eu hunain.

Caiff Jeanne ei chydnabod am ddatblygu dulliau ymchwil

morol cynaliadwy yn Sicily ac am ei gwaith cadwriaethol. Croesawyd hi i'r Catania Academia Gioenia, yr aelod benywaidd cyntaf.

Yn drychinebus, collwyd y rhan fwyaf o'i nodiadau ymchwil a darluniau gwyddonol mewn llongddrylliad, wrth iddi hi a James adael Sicily yn 1843. Er iddi barhau i sgwennu, wnaeth hi fyth ddychwelyd at ei hymchwil. Bu'n rhaid iddi ffoi o Baris yn ystod ymosodiad gan fyddin Prwsia, gan ddychwelyd o'r diwedd i'w Juilliac genedigol. Bu farw yn Ionawr 1871 yn 77 oed.

Dros ganrif yn ddiweddarach, yn 1997, enwyd crater ar y blaned Gwener ar ei hôl.

Flwyddyn yn ddiweddarach, aeth y *sea-monkeys* i'r gofod.

★★★

Gwylio.
Sylwi.
*A*rsylwi.
Mae pwysigrwydd hanfodol y pethau yma'n cael eu crybwyll o hyd.
Dyw rhywbeth ddim angen bod yn fawr neu'n bwysig i fod o werth.
Mae rhywbeth radical yn y weithred o arsylwi ar bethau.
A dwi'n credu hyn, dwi wir yn credu hyn.
Ac eto...
Mae'r byd yn llawn acwariwms aeth i'r wal, wedi'u gadael ar ôl, eu tanciau'n wag, yn llawn sbwriel a dail wedi marw.
Fel ein hacwariwm bychan glas ni ar y silff.
A dwi'n cofio nawr am yr erchylltra yn y Radisson Blu yn Berlin lle wnaeth tanc anferthol yn y *foyer* – oedd yn gartref

i dros 100 rhywogaeth o bysgod – gracio gan ryddhau dros filiwn litr o ddŵr i ruthro'n un don farwol, trwy'r drysau, i'r pafin oer y tu allan.

Cafodd dau berson eu hanafu a bu farw'r rhan fwyaf o'r pysgod yn syth.

Am ein bod ni eisiau dal pethau mewn pethau gwydr.

Am fod ein perthynas ni efo'r môr wedi torri go iawn.

Am ein bod ni eisiau'u gweld nhw, eu gwylio nhw; ac am ein bod ni ddim.

Ac o ystyried hyn i gyd, pwy fydde'n beio'n mwncïod ni am beidio dod i'r fei?

★★★

Mae'n fore eto, a dwi'n eistedd ar lawr y stafell fyw, yn trio stwffio traed fy mab fengaf i bâr o sanau sy'n rhy fach iddo.

Ddoe, yn ddirybudd, daeth gwyntoedd cynnes o gyfeiriad y Sahara a gorchuddio'n ceir efo llwch rhydlyd.

O gyfeiriad y gegin, dwi'n clywed sŵn y radio, a sŵn Iwan yn pacio'i bethe ar gyfer y gwaith.

Ac, yn sydyn, o gyfeiriad y silff, dwi'n clywed:

'MWNCI!'

Mae fy mab hynaf ar flaenau'i draed, yn syllu i mewn i'r tanc.

Dwi'n rhewi, fy nwylo'n dynn am fysedd troed ei frawd.

'Be?'

'GO IAWN!'

Dwi'n rhuthro draw ato, un hosan yn dal yn fy llaw, gan blygu fy nghefn i rythu i'r dŵr llwyd.

Ac yn sydyn, dwi'n eu gweld nhw.

Dau greadur bychan, bychan, yn gwthio'u hunain fel llafnau trwy'r dŵr.

Yn gramennog.

Yn dryloyw.

Ac, er gwaethaf pob ofn: yn fyw.

(Am nawr, o leiaf.)

Y Slefren Fôr Anfarwol

I was so much older then,
I'm younger than that now

> Bob Dylan – 'My Back Pages'

Mae'n fore Sadwrn a dwi'n gwylio teledu plant eto, rhywbeth dwi'n ei wneud yn aml y dyddiau hyn. Fel arfer, mae'r plant wedi hen ddiflasu ar ôl tua deg munud ac maen nhw'n diflannu i wneud rhywbeth mwy cynhyrchiol gan fy ngadael i'n dal i eistedd ar y soffa, yn syllu'n gegagored ar y sgrin.

Heddiw, mae'r cyflwynydd ifanc yn pysgota am bysgod bach cardfwrdd mewn pwll padlo efo gwialen fagnetig. Wrth godi'r pysgod lliwgar fesul un, mae hi'n gofyn, ei llais yn ddidrugaredd o hapus:

'I ble ma'r un coch yn mynd?'

Mae'n mynd i'r jar goch.

'Wrth gwrs,' mae hi'n dweud, 'mae e'n mynd yn y jar goch.'

Mae hi'n plopio'r pysgodyn coch i'r jar.

'A'r melyn?'

Yn y jar felen, dwi'n dweud, yn fy mhen.

('Ha! Da iawn ti. Yn y jar felen, siŵr iawn.')

Mae rhyw arswyd yn gafael ynof.

Mae'n rhy syml, dwi'n meddwl, fy mysedd yn tynhau yn ddiarwybod yng nghledrau fy llaw. Mae'r system yn *rhy syml*. Pam ddylai'r un coch fynd i'r jar goch? Mae bywyd yn llanast. Galle fe'n hawdd fynd i'r un felen.

'Hyfryd,' mae'r cyflwynydd yn dweud. 'Mae gen i lawer o

bysgod hyfryd i swper fan hyn. Tra 'mod i'n eu coginio nhw, be am i chi wylio'r Octonots?'

('Yw hi'n mynd i ladd y pysgod, fyd?' dwi'n gofyn i mi fy hun, cyn cofio eu bod nhw wedi'u gwneud o gardfwrdd...)

Dwi ddim yn ffan o'r Octonots, fel arfer. Alla i ddim egluro pam, jyst 'mod i ddim yn cynhesu atyn nhw. Ond heddiw, am ryw reswm, dwi'n gwylio beth bynnag. Yn ysbeidiol, mae fy mab fengaf yn dod i mewn i'r stafell, cyn gadael eto a daw'r hynaf wedyn i gadw cwmni i mi ar y soffa.

Rydyn ni'n eistedd mewn tawelwch braf; agosatrwydd penodol iawn nad yw ond yn bosib pan mae'r teledu 'mlaen. Ac yn sydyn, mae'r ddau ohonom yn moelio'n clustiau wrth glywed y geiriau mwyaf rhyfedd a rhamantus i mi eu clywed ers amser maith:

'... the immortal jellyfish.'

Rydyn ni'n edrych ar ein gilydd.

'Y be?'

Yr 'immortal jellyfish' neu'r slefren fôr anfarwol (fel dwi'n bwriadu ei galw hi o nawr ymlaen), ydi enw'r creadur sydd wedi llwyddo i wneud yr amhosib sef troi'n ôl i fod yn fabi, fel Benjamin Button y cefnforoedd.

Maen nhw'n esbonio'n fras shwt mae hyn i gyd yn gweithio, ond dwi'n gorfod Googlo wedyn jyst i wneud yn siŵr nad ydyn nhw'n tynnu 'nghoes i.

Ond mae fe'n wir.

Y *turritopsis dohrni*: creadur sy'n llai na'r gewin ar dy fys bach. Y creadur hynaf ar wyneb y ddaear, mae e'n fiolegol anfarwol: yn dduwiol, hyd yn oed.

Mae ganddo'r gallu i ddychwelyd at gyfnod datblygiadol cynharach os yw e'n cael anaf neu'n cael ei fygwth.

Yr enw hud a lledrith sy'n galluogi'r creadur i wneud hyn ydi: *transdifferentiation*.

Mae'r oedolyn, y Medusa, yn troi'n *larva*, cyn cychwyn ar y cylch bywyd eto. Ac eto. Ac eto.

O'n i'n meddwl mai dynes frawychus efo pen yn llawn nadroedd oedd Medusa.

(Er, dwi'n meddwl eto, mae hynny'n ffitio fan hyn rhywsut hefyd.)

★★★

Rhai diwrnodau'n ddiweddarach, dwi'n profi'n bositif am cofid.

Mae fy ysgyfaint yn teimlo fel tase ar dân. Ar ôl nofio mewn a mas o gwsg am rai oriau, dwi'n clywed sŵn fy mam yn gollwng fy mab hynaf adre trwy'r drws cefn.

O gysur fy ngwely, dwi'n gwrando wrth iddo fe dderbyn y newyddion am ein tynged gan ei dad.

'Ydw i'n mynd i'r ysgol fory?'

'Nagw't, cariad.'

'O.'

Eiliadau wedyn, mae e'n dringo'r stâr ac yn agor drws y stafell wely lle dwi'n gorwedd, fy anadl yn wan.

'Hei,' mae'n dweud.

Dwi'n troi fy llygaid ato.

'Hei, cariad.'

Mae e'n dringo i mewn i'r gwely ata i.

'Gewn ni watsho David Attenborough efo'r esgyrn deinosoriaid?'

'OK,' dwi'n dweud. 'Jyst heddiw, te. Achos bo' fi'n sâl.'

Mae e'n gwasgu fy ysgwydd, yn amyneddgar. Mae e'n gwybod 'mod i jyst isie cwmni.

Wrth i'r rhaglen arnofio ar sgrin yr iPad o fy mlaen, dwi'n dechrau drysu.

Mae'r esgyrn yn troi yn fy mhen.

Pwy ydi'r plentyn yn y sefyllfa yma? Pwy ydi'r rhiant?

A be ydi'r momentwm am-yn-ôl hyn sy'n digwydd pan ti'n cael plant?

Rhai misoedd ar ôl iddo fe gael ei eni, fe ddechreuodd atgofion ymddangos yn fy meddwl fel hen esgyrn yn cael eu dadorchuddio ar waelod gwely afon, yn wyn ac yn sgleinio yn heulwen danbaid fy mamolaeth newydd. Ond y peth rhyfeddaf am yr atgofion plentyn yma oedd 'mod i'n teimlo fel taswn i'n mynd yn nes atyn nhw, 'mod i'n dal yn blentyn, ond nid yn y ffordd ddiflas yna pan mae pobol yn sôn am eu 'plentyn mewnol' ond yn hytrach 'mod i *go iawn* yn troi'n ôl at fod yn fi fel plentyn, diolch i fy mab. O'n i wedi ffrwydro trwy'r porth hud a agorodd yn ystod ei enedigaeth, gan ddisgwyl y bydden i'n dod allan yr ochr arall yn *fwy* o oedolyn nag o'n i wedi bod o'r blaen. Yn fwy aeddfed, yn famol, yn ddoeth. Ac yn aros amdana i ar y lan, yn lle'r ddynes honno, oedd fi, yn blentyn.

Fydda i fyth, fyth mor aeddfed ag o'n i'n 21.

Byth mor hyderus, mor sicr, mor rhydd.

(Fydda i'n sicr fyth mor glyfar – dwi erioed wedi defnyddio fy ymennydd gymaint â 'nes i yn y Coleg.)

Ond diolch i fy mhlant, trwy gael chwarae efo nhw, siarad efo nhw, gwylio'r pethau maen nhw'n eu gwylio, ail-ddarllen llyfrau o'n i'n eu caru, canu caneuon o'n i'n meddwl 'mod i wedi'u hanghofio'n llwyr, dwi'n blentyn eto.

Dwi'n gwthio fy hun drwy dwneli plastig amryliw'r llefydd *soft play*, a dwi'n teimlo'n rhydd eto, yn hapus.

Dwi'n ifanc ac mae popeth yn bosib.

Yn raddol, mi fydda i'n troi'n fabi bodlon.

Os aiff popeth yn iawn.

A dwi'n meddwl eto am y slefren fôr anfarwol, y Medusa, gan feddwl falle nad yw hi'n gymaint o *big deal* o gwbl.

Gwaith

Flynyddoedd yn ôl 'nes i brynu llyfr mewn siop elusen achos 'mod i'n hoffi'r teitl.

Pobol wrth eu gwaith

Roedd e'n llawn lluniau du a gwyn o bobol wrth eu gweill, eu peiriannau, eu gwartheg, tu ôl i gownteri.

Yn torri mawn, yn clapo menyn, yn pysgota cregyn gleision, yn hollti llechi.

Gweithwyr da a gonest, efo'u hwynebau da a gonest, yn llenwi'r tudalennau fel un fyddin effeithlon.

Ac mae'n gwneud i mi chwerthin yn dawel bob tro dwi'n cael cip o deitl y llyfr ar y silff lyfrau (fel arfer pan dwi ar fy ngliniau am 9yh yn taflu teganau'r plant i'w bocsys) i ddychmygu lluniau tebyg o'r genhedlaeth lawrydd.

Cerddorion wth eu gwaith.

Fi, er enghraifft, yn gwman ar y soffa, yn syllu'n *gormless* i'r pellter mewn pentref o fygiau coffi, dillad ar y top, pyjamas ar y gwaelod; heb strwythur, heb ffiniau iach, yn aros yn eiddgar i'r awen ymddangos i fy achub rhag fy hunan.

Urddasol, hefyd, yn fy ffordd fy hun, falle?

Ond am ba hyd all y *glamour* blêr hyn bara?

(Shwt ti fod i aros yn gynhyrchiol pan mae'r byd yn bennu?)

Ers tua tri mis nawr, dwi'n sylwi fod bron pob sgwrs dwi'n ei chael yn arwain at drafodaeth am AI mewn tua deg munud.

Yn enwedig ymhlith pobol 'greadigol'.

Y creadigolion.

Mae fel cyffur.

Yr eiliad mae'n cael ei grybwyll, mae pawb yn closio at ei gilydd, pennau'n isel, llygaid yn pefrio mewn rhyw blethiad cymhleth, meddwol o adrenalin ac arswyd.

'Waw,' mae pawb yn ei ddweud, gan ysgwyd eu pennau. 'Ma nhw rili'n mynd i ddwyn ein swyddi, nagyn nhw?'

Ac mae rhywun yn dweud, ei llais yn cracio fymryn: 'Allen nhw ddim cymryd lle cerddorion. Ti'n gorfod cael yr elfen ddynol...'

Ac mae rhywun arall yn gwawdio ac yn dweud: 'Ti'n deluded, ma'n digwydd yn barod.'

Mae'n gwneud i bawb wrando ar albym o ganeuon Oasis ffug (AISIS) efo Liam Gallagher AI yn canu caneuon AI, efo geiriau AI a band AI.

'Iawn,' ti'n dweud, yn eithaf despret erbyn hyn, 'ond ma' rhywbeth ar goll.'

'Oes, *nawr*,' maen nhw'n dweud. 'Tro nesaf, fydd 'na ddim.'

Mae pawb yn cytuno mai athrawon fydd yr olaf i gael eu trawsfeddiannu a'r bobol sy'n creu cerddoriaeth achlysurol ar gyfer y teledu fydd y rhai cyntaf.

'Galle therapi AI fod yn dda, 'ddo,' mae rhywun yn dweud. 'Ac hei, os does 'na ddim pobol, falle fydd y blaned yn cael ei hachub?'

Mae pawb yn cysidro hyn, cyn dychwelyd at y gerddoriaeth rydyn ni yng nghanol ei recordio, a phlannu ein pennau'n ddwfn yn y tywod nes fod y robotiaid yn dod.

'Ni'n mynd i fod yn dystio servers,' mae Iwan yn dweud. 'Best-case scenario.'

Cynorthwywyr dynol.

Pobol wrth eu gwaith.

***

Ddoe, 'nes i gwrdd â Chat GBT am y tro cyntaf.

'Go on,' meddai fy mrawd yng nghyfraith, ei fysedd yn hofran dros allweddau'r gliniadur. 'Gofynna unrhyw beth iddo fo.'

Ac wrth iddo fe aros i mi feddwl am rywbeth, ro'n i'n ymwybodol o'r teimlad afiach hyn yn fy stumog, oedd yn dweud: 'Dyma sut mae e'n dechrau. Dyma'r rubicon.'

A'r cwestiwn dwi'n ddewis ei ofyn, o'r holl opsiynau posib, ydi hyn:

Would I be happier if I wasn't a musician?

Mae'r *cursor* yn fflachio ar y sgrin am gwpwl o eiliadau.
Ac yna mae'r geiriau'n ymddangos fel melltith hudol ar waliau mewnol hen byramid.

As an AI language model, I don't have access to your personal thoughts, emotions, or circumstances, so I cannot know for sure if you would be happier doing something different than making music. However, I can offer some general guidance on this topic.

If you are feeling unhappy or unfulfilled in your current pursuit of making music, it may be worth exploring other interests and career paths to see if they bring you more joy and satisfaction. You could start by making a list of things that interest you or bring you happiness, and then research how you could turn those interests into a career.

It's important to note that happiness and fulfilment often come from a combination of factors, including the nature of the work itself, the people you work with, your level of autonomy, and your compensation. So, even if you switch to a different career path, you may still encounter challenges and obstacles that can affect your overall happiness.

Ultimately, the decision to switch careers is a deeply personal one and should be based on your own values, interests, and goals. If you are considering a change, it may be helpful to speak with a career counselor or mentor who can provide guidance and support as you navigate this process.

Mae'n cadw'r sgwrs hon ar y tab yng nghornel chwith y sgrin dan y pennawd 'Music Vs Happiness' sydd ddim yn teimlo fel dicotomi defnyddiol iawn, o dan yr amgylchiadau.

Dwi'n cysidro'r cyngor (y gorau dwi erioed wedi'i dderbyn, o bosib), cyn teipio:

Isn't AI going to render musicians redundant anyway?

A finnau'n chwilfrydig, dwi'n gofyn iddo gyfieithu'r ateb i'r Gymraeg.

Dyma'r ateb:

Er bod deallusrwydd artiffisial (AI) wedi gwneud cynnydd sylweddol yn creu cerddoriaeth, mae'n annhebygol y bydd yn gwneud cerddorion yn ddiangen. Er y gall AI gynhyrchu cerddoriaeth, ni all ddod â'r fath fynegiant creadigol, emosiynol ac dehongliad sy'n dod ynghyd gyda pherfformiadau cerddorion.

Mae cerddoriaeth yn fath o gelf sy'n aml yn adlewyrchu profiad ac emosiynau'r ddynoliaeth. Er y gallai cerddoriaeth a gynhyrchir gan AI gael cywirdeb mathemategol a medrus, does dim ystyr ynddo heb y nodweddion drosodd, creadigrwydd a hapusrwydd sy'n dod gyda chyffyrddiad dynol.

Yn ogystal, nid yw creu cerddoriaeth yn gyfyngedig i

gyfansoddi yn unig, ond yn cynnwys perfformio byw, cynhyrchu cerddoriaeth, addysgu a mwy. Gallai AI gymorth mewn rhai agweddau o gynhyrchu cerddoriaeth, fel peirianneg sain ac ymarferion, ond ni all ddisodli'r egni a'r angerdd sy'n dod gyda pherfformiadau byw cerddorion.

Mewn geiriau eraill, gall AI fod yn offeryn gwerthfawr i gerddorion archwilio a gwella eu creadigrwydd, ond yn annhebygol y bydd yn disodli elfen ddynol creu a pherfformio cerddoriaeth.

Dwi'n teimlo'n *gaslit* ar y pwynt yma.
Ac felly'n teipio:

Wyt ti'n siŵr?

Ond mae'r AI yn camddeall ac yn meddwl 'mod i'n beirniadu ei sgiliau Cymraeg.

Fel AI, nid wyf yn medru bod yn "siŵr" fel ag y gallai person. Fodd bynnag, rwyf wedi gwneud fy ngorau i gyfieithu eich cwestiwn i'r Gymraeg yn ôl fy ngallu. Os oes unrhyw beth arall y gallaf ei wneud i'ch cynorthwyo, rwy'n hapus i'ch helpu.

Mae'n swnio'n amddiffynnol.
Jyst i fod yn brofocatif, dwi'n teipio:

Pwy yw dy hoff gerddor?

Fel AI, nid oes gen i agweddau personol, felly nid oes gennyf hoff gerddor fel y gallai bod ganddyf. Ond, gallaf roi enghreifftiau o gerddorion a chaneuon sydd wedi cael eu mwynhau gan lawer o bobol.

Mae llawer o gerddorion a cherddoriaeth sydd wedi eu cydnabod yn rhyngwladol, megis Mozart, Beethoven, Bach, ac eraill. Mae nifer o gerddorion cyfoes hefyd yn boblogaidd, megis Beyoncé, Ed Sheeran, Taylor Swift, Drake, ac eraill. Mae'n bosib y bydd gan bobol ffefrynnau amrywiol o gerddorion ac arddulliau cerddoriaeth.

Wyt ti wedi clywed am Georgia Ruth?

Ydw, rwyf wedi clywed am Georgia Ruth. Mae hi'n gantores a cherddor o Gymru sydd wedi perfformio mewn sawl cyngerdd ac wedi rhyddhau recordiau. Cafodd Georgia Ruth ei magu yn Aberystwyth ac mae hi wedi ennill gwobrau cerddoriaeth am ei gwaith. Mae ei cherddoriaeth yn amrywiol ac yn cynnwys elfennau o gerddoriaeth draddodiadol Gymreig ac electronig.

Yw hi'n cool?

Fel AI, nid oes gen i farn bersonol na theimladau, felly nid yw'n bosib i mi ddweud os yw Georgia Ruth yn "cool" neu beidio. Mae caneuon a cherddoriaeth Georgia Ruth wedi eu derbyn yn gadarnhaol gan nifer o gynulleidfaoedd a chritics cerddoriaeth, ac mae ei thalent fel gantores a cherddor yn cael ei gydnabod. Mae'n dibynnu ar eich barn bersonol os yw hi'n "cool" neu beidio.

Mae hi yn cool, dwi'n teipio, ac yn cau'r *browser* cyn 'mod i'n gallu darllen yr ymateb.

***

Weithiau, dwi'n cofio am y tro ro'n i'n gorfod cofrestru genedigaeth fy mab hynaf, a'r panig pur ddaeth drostof i'n Neuadd y Ddinas yng Nghaerdydd wrth weld y bocs – SWYDD Y FAM – ar y ffurflen.

'Ydw i'n cael dweud cerddor?'

'Gei di ddeud be bynnag tisio,' meddai Iwan oedd eisoes wedi sgwennu CERDDOR yn ddigon hapus ar ei ffurflen ef.

Ond roedd e'n teimlo fel celwydd.

Do'n i ddim yn gerddor, rhagor. Nid yng ngwir ystyr y gair.

Hobi oedd hi, ar y gorau, erbyn hyn.

Ac felly, yn isel fy ysbryd, sgwennais 'RADIO' ar y llinell ddotiog.

Ers hynny, dwi'n falch o ddweud ein bod ni wedi dangos datblygiad personol.

Ar dystysgrif fy mab fengaf mae Iwan wedi rhoi CERDDOR A CHYFIEITHYDD a finnau wedi rhoi CERDDOR A DARLLEDWR.

Gyrfaoedd portffolio, mae'n debyg.

Pobol wrth eu gwaith.

***

Y bore wedyn, dwi'n derbyn e-bost gan un o'r cylchlythyrau creadigol dwi'n tanysgrifio iddo.

'What value artists can bring that AI can never replace.'

Mae'n f'atgoffa o'r caneuon 'na sy'n dweud pethau *needy* fel: 'she can't love you like I do'.

Fel rhan o'r cylchlythr, mae 'na gyfweliad (diddorol iawn) efo dylunydd graffeg, Daniel Sulzberg.

'I am all for people manipulating technology to create art,' mae'r artist yn dweud. 'That is what art is all about. What I am not cool with is how these programs are stealing images from artists to create these new images. I think it's a real shame that companies are using AI instead of real artists just because it's faster. The experience of collaboration is feeling completely lost.'

Mae e'n mynd ymlaen i ddweud ei fod e'n poeni am yr holl swyddi creadigol fydd yn cael eu colli yn y ddegawd nesaf.

'I know what I am good at and what I can offer a client, and I hope they will see that value as something that a computer can't replace.'

Dwi'n meddwl am hyn trwy'r prynhawn a thrwy'r nos.

Mae'r awyr yn tywyllu'n raddol bach.

Tra bod y plant yn chwarae, yn bwyta, yn ffraeo mewn cylchoedd aneglur o fy nghwmpas, dwi'n eistedd yn eu canol, yn gwbl lonydd, yn meddwl yn dawel bach am y peiriannau…

***

Y bore wedyn, dwi'n derbyn un o'r caneuon roedd Townes Van Zandt yn galw'n 'Sky Songs'.

Y rhai prin 'na sy jyst yn troi lan, yn gyflawn, bron, ar stepen dy ddrws.

Yn sgwennu eu hunain, maen nhw'n gwbl anochel, efo'u maes grym a disgyrchiant eu hunain.

O'n i bron â thaeru 'mod i fyth yn mynd i gael un ohonyn nhw eto.

Mae'r gân yn byffro tra bod fy mab fenga'n bownsio lan a lawr yn ei got, yn gafael mewn tegan Postman Pat, ac erbyn iddo fe gyhoeddi ei fod e isie mynd lawr stâr, mae'r gân wedi'i gorffen.

'Fydde AI byth yn gallu neud hwnna,' dwi'n meddwl, cyn cofio fod e bron yn sicr yn gallu.

A dwi'n gweld teitl yr albym yn glir yn fy mhen.

SK-AI SONGS.

Olion

Wrth ddarllen am ffosiliau efo fy mab, dwi wedi bod yn dysgu am 'trace fossils' – dwi ddim yn hollol siŵr be fysa'r cyfieithiad cywir ohonyn nhw, ond falle jyst 'olion'.

Ichnofossils ydi'r term geolegol, a chofnod ydyn nhw: nid o'r creadur ei hun, ond y pethau roedd e'n ei wneud, ei weithgareddau tra'i fod e'n fyw.

Pethau fel: creu nythod, tyllau, olion traed a chachu.

Mae'r creadur yn symud – yn sleidio, yn tyrchu, neu'n camu'n dwt – ar hyd arwyneb meddal y tywod neu'r mwd, ac yn gadael argraffiad o'r symudiad y tu ôl iddo.

Weithiau maen nhw'n siapiau troellog, igam-ogam fel *doodles* ar y llyfr wrth y ffôn pan o'n i'n fach.

Weithiau'n bethau sy'n fwy 3-D.

Maen nhw wedi darganfod tyllau mwydod (*zoophycos*) a thyrchfeydd llygod; mor fregus, ond wedi'u cadw'n gyflawn gan y mineralau'n y tir.

Marciau, dyna i gyd.

Pethau dibwys.

Ond mor barhaol.

Doedd fy mab hynaf ddim yn poeni gymaint am y math yma o ffosiliau, ond do'n i ddim yn gallu stopio meddwl amdanyn nhw.

A dwi'n sylwi nawr eu bod nhw'n fy atgoffa o greithiau achos be ydi craith, rili, os nad ffosil o ryw fath?

Mae gen i gwpwl o greithiau.

Tan yn eithaf diweddar, dim ond un oedd yn werth ei chrybwyll – y ploryn bychan gwyn lle wnaeth ci defaid ym

Mhen Llŷn gymryd hansh o groen un o fysedd fy llaw dde.

Ac wedyn, dwy flynedd a hanner yn ôl, ganed fy mab fengaf a 'nes i ymuno efo clwb *elite* sy'n cynnwys Lady Macbeth, Angelina Jolie a Britney Spears. Y C-Section Squad.

Ro'n i'n ymarferol iawn am y driniaeth ei hunan a do'n i ddim yn teimlo gwarth am y peth na dim byd fel'na. O'n i'n rhesymu, yn eithaf call, dwi'n meddwl, mai dyma sut wnaeth fy mab gyrraedd y byd, a bod cael dy gario i olau dydd o grombil bol dy fam gan lwyth o ddwylo caredig yn ffordd eithaf ffantastig o gael dy eni, rili. Yn fwy na dim, o'n i jyst mor hapus ei fod e yma efo ni, yn ddiogel.

Ond roedd y graith yn fater arall.

Wnaeth e gymryd tua chwe mis cyn 'mod i'n gallu edrych arni hi am y tro cyntaf. Cyn hynny, ro'n i wedi bod yn cymryd cawodydd efo fy llygaid wedi sgrynshio'n dynn, wedi fy amgylchynu gan y stêm, fel 'mod i ddim yn gorfod gweld.

'I think you should probably make friends with it,' meddai'r ddynes o Sweden oedd yn wacso bits fi. 'It's part of your story.'

O'n i ei hofn hi braidd felly nes i gytuno y bydden i'n derbyn fy nghraith ac yn rhwbio Bio Oil arni'n ddyddiol.

Ond mewn gwirionedd wnaeth e gymryd lot hirach.

Ar Instagram, dwi'n aml yn gweld menywod yn dangos eu creithiau'n falch i'r byd. Maen nhw'n hardd, a bydden i'n hoffi bod fel nhw.

Ond dwi ddim yno eto...

Mae gan Iwan graith sy'n rhedeg o waelod ei lwnc, yr holl ffordd i lawr ei dorso at ei fotwm bol.

Mae e'n gwisgo'i graith gyda balchder.

(Fel dyle fe, rili, o ystyried yr amgylchiadau wnaeth arwain ato fe'n cael y peth yn y lle cyntaf.)

Mae hi'n rêl *rock & roll* o graith.

Rhywsut, mae e'n gwneud i'r holl boen, yr holl drawma a'r ofn edrych yn dda.

Dwi'n ei garu fe am hynny.

Weithiau, ni'n bygwth cael tatŵs o greithiau'n gilydd fel bo ni'n gallu matshio a ffrico pobol mas yn y pwll nofio.

A sôn am nofio...

Yn y misoedd cynnar 'na ar ôl cael fy mab, roedd gen i'r awch fwyaf *intense* i blymio i'r môr fel tase'r halen efo'r pŵer i fy iacháu, i lyncu'r graith, fel rhyw stori Feiblaidd.

Y tro cyntaf i mi wireddu'r freuddwyd, dwi'n cofio'r oerni fel letrig drwy bob rhan o fy nghorff; blas yr halen ar fy nhafod, yn fy llygaid, yn fy ysgyfaint wrth i mi ddod lan am aer; yr awyr uwch Bae Ceredigion mor las, mor fawr wrth i mi daflu fy mhen yn ôl i sbio fyny, gan deimlo ychydig bach fel 'mod i wedi cael fy ngeni eto.

Ond roedd y graith yn dal i fod yno wrth i mi sychu'n hunan ar y lan.

Olion, dyna i gyd: o'r eiliadau rhyfedd 'na lle wnaeth dwylo pobol eraill wthio eu hunain i grombil ein cyrff, i'n helpu, i'n hachub.

A ninnau'n dal yma i ddweud y stori, efo'n croen, o leiaf, os nad efo'n tafodau.

Hyfryd

Dwi wedi cael fy ngalw'n lot o bethe yn ystod fy 36 mlynedd ar y ddaear.

'Flaky' gan fy athro piano, er enghraifft. Neu 'rhy gystadleuol' gan fy ngŵr (er, yn amlwg, dyw'r fath beth ddim yn bosib).

Erbyn heddiw, mae gen i restr hir o ansoddeiriau, y da, a'r drwg.

Dwi'n eu llusgo o gwmpas fel cadwyni Jacob Marley.

Rhy oddefgar, dala dig, *gossip*, da am wrando, doniol (weithiau), penderfynol.

Wedyn mae gen i'r pethau mae newyddiadurwyr cerddoriaeth (gwrywaidd) wedi'u bathu'n Saesneg. Ac mae rheini'n eithaf ffycin ofnadwy – 'songstress' er enghraifft sy'n gwneud i mi grebachu oddi mewn...

Ond y gwaethaf o'r holl ansoddeiriau ydi: hyfryd.

Yr *hyfryd* gantores: sy'n ddi-ffael yn fy ngwneud i fod eisiau torri rhywbeth.

(Alla i weld eich wyneb wrth ddarllen hwn, gyda llaw; yn eich gweld chi'n ychwanegu cwpwl o ansoddeiriau eraill i'r pentwr.)

Wel, be sy'n bod ar gael dy alw'n hyfryd?

'Na i drio esbonio.

Mae hyfryd yn: gynffon gwenynen heb ei *sting*; rhywbeth anfygythiol; rhywbeth *sexless*; y ffrogiau Kath Kidston 'na dwi isie llosgi; gwên neis; sgrech fud; merch dda; y feinir fach, ufudd.

Hyfryd.

Mae'n waeth rhywsut na *lovely*.

'Hyfryd yw'r gair maen nhw'n ddefnyddio i dynnu'r gwynt mas o dy hwyliau, i wasgu'r fflam i lawr yn ddim byd, i gadw ti'n dy le...' dwi'n ei ddweud pan dwi adre ar y soffa, pan dwi wedi diosg fy ngwên neis am y diwrnod a phan mae fy llais ychydig bach yn llai addfwyn na mae e ar y radio.

Ac mae wyneb Iwan yn dweud: 'O grêt, rant arall.'

Y broblem ydi, dwi wedi cuddio dan y *shit* 'ma i gyd.

Dwi wedi chware'r gêm hyfryd, yn fy ffrogiau efo fy nghaneuon bach trist, ac mae wedi fy nhrin yn OK ond dwi wedi cael digon.

O'n i'n 30 pan nes i wrando ar y Pixies yn iawn am y tro cyntaf. Oedden nhw'n onglog ac yn hyll, yn swnio'n union fel ro'n i'n teimlo.

'Alla i ddim peidio â meddwl,' mae fy therapydd yn ei ddweud un prynhawn, 'y dylet ti fod wedi ffeindio ffordd o fynegi'r holl, wel, ddicter, sy ynddot ti, yn greadigol. Fi'n gweld ti mewn siwt, yn flin, yn smasho pethe...'

'Mae hi'n iawn,' mae Iwan yn dweud. 'Dwi wastad wedi meddwl r'un peth. Chdi ydi Black Francis.'

(Mewn *tea dress*, dwi'n meddwl i mi fy hun.)

Weithiau dwi'n cael cic o ddychmygu fy hun yn dweud pethau fel hyn ar y radio:

'Yr hyfryd Super Furries yn fynna... yr hyfryd Los Blancos.'

Ond mae rhywbeth yn bygio fi, wedyn.

Achos be os yw rhywun, weithiau, eisiau bod yn hyfryd?

Ac mae llais bach yn fy mhen yn dweud: ie, pwy wyt ti, i adlewyrchu dy ddealltwriaeth gwbl gul o hyfrytwch ar y byd?

Achos wedyn, dwi'n meddwl...

Mae fy mhlant yn hyfryd pan maen nhw bron â disgyn i gysgu neu pan maen nhw'n gwenu arna i heb rybudd o gornel eu cegau, a dwi bron methu â chredu fy lwc achos eu bod nhw mor hyfryd yn yr eiliadau hynny, a dwi isie'u cadw nhw fel hyn am byth, a'u dal nhw'n agos, a pheidio gadael i'r foment ddiflannu.

Neu pan mae fy ffrind yn cerdded mewn i'r stafell fyw ac yn dweud – a ti'n gwybod bod hi'n meddwl pob gair – 'Mae'n hyfryd yma,' a ti'n teimlo mor bles, mor ddiolchgar achos bo hi'n... wel, mae hi'n hyfryd.

Yn annwyl.

Yn llawn goleuni.

Yn wirioneddol hyfryd

(sydd ddim yn golygu nad ydi hi, fel pob peth hyfryd arall, yn gymhleth, efo pethau hyll ynddi, pethau crac, pethau onglog.)

Weithiau does 'na ddim un gair arall yn gwneud y tro.

A ti jyst yn gorfod derbyn pethau am eu hyfrytwch.

A *get a grip*.

Eithin

Yn fy mhen, ym Mhen Llŷn yn unig mae cloddiau eithin yn bodoli.

Maen nhw'n dod fel *package deal* efo'r dyddiau hir sy'n ymestyn i'r gorwel; y llwybrau cul, cynnes sy'n troi fel nadroedd drwy ganol y pentir; y tawch, y tes, aroglau'r mêl; lluniau Kim Atkinson; y pethau neis o Gwt Tatws; sŵn y gwenyn yn canu grwndi yn y llwyni.

Y *good stuff*.

Mae wastad yn fymryn o sioc i ddarganfod fod eithin yn tyfu yn Aberystwyth hefyd.

A dwi'n teimlo ychydig bach yn rhyfedd pan dwi'n dringo i dop Consti neu Ben Dinas ac wrth gamu at erchwyn y clogwyn dwi'n edrych i lawr ac yn gweld y blodau melyn cyfarwydd a'r adar bach yn dawnsio'n eofn ar y drain.

Neu ar y llwybr y tu ôl i Morrisons, sy'n rhedeg gyferbyn â'r afon, lle mae'r eithin yn edrych fymryn yn fwy plaen, fymryn yn llai delfrydol ymysg y sbwriel.

(O, hei, dwi'n meddwl, o'n i ddim yn disgwyl gweld *ti* 'ma...)

***

Beth yw aroglau eithin?

Cnau coco?

Eli haul o'r nawdegau?
Medd?
(Mae blas halen ynddyn nhw hefyd…)
Beth yw tymor eithin?
Pob tymor, rili.

Maen nhw'n ffafrio tiroedd garw, pentiroedd, rhostiroedd.

Maen nhw'n wydn, yn tyfu ar ymylon pellaf y tir, lle cân nhw eu chwipio, bob sut, gan y gwyntoedd sy'n dod o fôr Iwerddon, eu llosgi gan yr haul, eu hyrddio gan y glaw.

Ac felly, maen nhw'n gwisgo arfwisg.

Ond mae nhw'n joio bach o *zhuzh* hefyd: sy'n esbonio'r egin bach melyn 'na, yn fwy na melyn, fel *wet dream* Wes Anderson.

Eithin ydi'r holl bethau yr hoffwn i fod: gwydn, hardd (ond mewn ffordd hynod ddiwastraff), di-lol; llawn hwyl, ond ychydig bach yn fygythiol hefyd.

(Os nad wyt ti'n gallu dawnsio fel yr adar ar y drain, paid â chyffwrdd. Math 'na o beth.)

Dwi'n meddwl weithiau 'mod i'n berson eithaf *soft*. Rhy *soft*, mewn gymaint o ffyrdd.

Ond, wedyn, dwi'n cofio bod Iwan yn caru eithin ac mae hynny'n gwneud i mi deimlo'n well.

Carnifal

Pan o'n i'n saith neu'n wyth mlwydd oed, ges i fy nghoroni'n dywysoges carnifal Sarn o dosturi.

Do'n i ddim wedi bwriadu cystadlu.

Mynd yno efo fy ffrind, wnes i – roedd hi'n *frenhines* carnifal brofiadol, yn hen law, efo llygaid gwyrdd, hardd oedd yn treiddio i ddyfnderoedd yr enaid. Roedd hi flwyddyn ysgol yn hŷn na fi, yn gallu gyrru car yn barod, a hithau heb droi'n ddeg eto (rhywbeth rydw i, yn 36 oed, yn dal heb allu gwneud).

Duwies.

Dwi'n cofio rhyfeddu ati yn cael gwneud ei gwallt a cholur, yna'n camu'n dwt i'r ffrog sidan yn nhŷ ei nain a'i thaid ar gyrion y pentref.

O'n i heb weld y fath harddwch o'r blaen.

Wrth gau fy llygaid ac aroglau'r *Elnett* yn fy nghludo i ryw le uwch, ro'n i'n ddigon hapus i wylio, i fod yn rhyw aelod di-nod o'r *entourage*; yn dawel ar y cyfan, ond ar gael i ddala'r tusw o flodau tase hi angen i mi wneud.

Ond nid dyna fu fy ffawd.

Yn enw cynwysoldeb, penderfynodd rhywun y dylwn i gymryd rhan.

Yn enw peidio gwneud ffýs, 'nes i ganiatáu iddyn nhw reslo ffrog sidan sbâr dros fy mhen.

Dwi'n dal i gofio'r lliw.

Gwyrddlas golau fel y cen sy'n gorchuddio'r creigiau ar arfordir Pen Llŷn.

'Sganddi'm sgidia…' meddai rhywun mewn arswyd.

A dyma nhw'n gwneud arolwg sydyn ohono i.

'M'otsh... ti'm yn gallu gweld nhw eniwe.'

Yn y car ar y ffordd, ceisiodd fy ffrind ddysgu'r *basics* i fi.

Roedd hi mor glên, mor amyneddgar ond ro'n i'n *mortified*.

'S'dim rhaid i ti neud hyn,' meddyliais. 'Dwi ddim ishe hyn.'

Roedd hi'n amlwg i bawb, yn gwbl glir a dweud y gwir, mai metamorffosis anghyflawn oedd hwn.

Bathos pur.

(Yn ôl diffiniad Geiriadur Caergrawnt: 'a sudden change from a beautiful or important subject to a silly or very ordinary one, especially when this is not intended'.)

Ond doedd dim troi'n ôl.

Yn y maes parcio, straffaglais o sêt gefn y car a gweld y neuadd bentref.

Roedd fy stumog yn llawn concrid wrth weld y merched eraill yn llifo trwy'r drysau ar don o sidan a chwerthin a chwrls.

Trwy'r drysau wedyn gan arogli'r llwch a'r polish a rhywbeth hynafol arall allwn i ddim cweit â rhoi fy mys arno.

Roedd y lloriau'n sgleinio, yn ymestyn fel tragwyddoldeb o fy mlaen.

A dyna fwrdd y beirniaid, reit ar ben draw'r stafell, fel y fynedfa i Hades.

Dwi ddim yn siŵr am faint fues i'n aros iddyn nhw alw fy enw ond ar ryw bwynt, mae'n rhaid bod llaw ar waelod fy nghefn wedi fy hwrjo ymlaen.

A dwi'n gweld fy hunan nawr, fel tase'r peth yn freuddwyd, yn fy ffrog fenthyg, oedd ddim cweit yn gorchuddio fy nhrainers blêr, yn ymwthio ac yn moesymgrymu tuag atyn nhw, fy mhen yn isel.

Dwi'n cofio'r tosturi ar eu hwynebau.

A finnau'n despret i ddweud: 'Newch i hyn stopio.'

Ges i dlws arian y diwrnod hwnnw. Ai o garedigrwydd neu o greulondeb eithafol? Alla i ddim bod yn siŵr. Ond dwi'n cofio'r gwarth a'r cywilydd o'n i'n ei deimlo wrth afael yn y blydi peth ar ein ffordd yn ôl i'r car. Yr unig beth oedd yn lleddfu'r boen oedd yr empathi yn llygaid hardd fy ffrind.

***

Dwi wedi dychwelyd, sawl tro dros y blynyddoedd i'r hunlle byw hwn.

A meddwl, weithiau, mai dyna oedd man cychwyn fy *imposter syndrome*.

Pam 'mod i mor ddramatig?

Gad e'n y gorffennol.

Ond alla i ddim, chi'n gweld. Mae e'n gysgod y tu ôl i mi bob tro dwi'n camu ar lwyfan. Dwi'n clywed sŵn y sidan yn siffrwd ar hyd y llawr pren, y trainers yn procio allan o'r gwaelod, yn teimlo'r gwaed yn codi'n ferwedig i bob rhan o 'nghorff.

Achos mae gwarth penodol iawn yn dod o gael rhywbeth heb fod wedi'i haeddu'n iawn.

Fy ffrind oedd yr enillydd, go iawn.

Roedd pawb yn gwybod hynny.

A falle mai be o'n i rili moyn, y tu hwnt i'r *blusher* a'r *pomp*, oedd i fod yn Gymraeg fel roedd hi'n Gymraeg.

I gael eistedd fel brenhines yng nghartref fy nain a 'nhaid, wedi fy amgylchynu gan fy nghefndryd a'r antis ifanc, yn siarad Cymraeg heb orfod meddwl am y peth.

Ac i fod yn frenhines carnifal haeddiannol oedd yn gyrru car ac efo llygaid gwyrdd fel y môr.

Cysgu pan ti'n effro

Yn y dyddiau lle ro'n i'n teimlo'n llai pryderus am y ffaith 'mod i'n methu gyrru, ro'n i'n hoff o ddal trenau ar fympwy.

Roedd Caergrawnt yn lle da i wneud hyn. Tase'r awydd gen i, gallen i ddilyn hynt yr afon Cam mas tua Ely, at drothwy'r Fens, i weld yr eglwys gadeiriol. Neu ymhellach, hyd yn oed, at eangdiroedd Norfolk i ryfeddu at yr awyr anferthol a'r traethau. Ond prif atyniad gorsaf drenau Caergrawnt oedd y ffaith ei bod hi'n bosib dal trên i fod yn King's Cross mewn awr. Er fod Caergrawnt yn ddinas, roedd hi'n teimlo fel tref. Tref hardd y tywodfaen a'r twristiaid; ond tref ar ddiwedd y dydd. Ac fel *townie*, ro'n i'n ysu am chwistrelliad o egni'r ddinas.

Bydden i'n mynd ar fy mhen fy hun fel arfer. Yn dweud wrth neb. Yn dychwelyd gyda'r machlud, yn teimlo'n llonydd ac yn fodlon.

Weithiau, bydden i'n mynd i Camden i rythu ar y *cyber-goths* a'r siopau *vintage*. A weithiau i wneud pethau mwy diwylliedig fel mynd i'r National Portrait Gallery. Bydden i'n dilyn fy nhrwyn, yn gobeithio am arweiniad.

Ar y cyfan, mae'r tripiau i gyd wedi plethu'n un yn fy nghof. Ond mae un sy'n dal i ddisgleirio'n rhyfedd yn fy meddwl, ar wahân yn llwyr i'r lleill.

Y diwrnod hwn, ro'n i wedi cyrraedd King's Cross ac wedi mynd i ganol y ddinas at Tottenham Court Road, ar gyrion Bloomsbury. Ro'n i'n hoff iawn o'r ardal hon am ei bod yn dal yn lle eithaf sentimental yn fy meddwl – dyma lle bydden i'n dod efo fy mam ar dripiau siopa i Lundain, achos, wrth gwrs, dyna'r ardal agosaf at orsaf Euston, man terfyn y trên o Aberystwyth.

Roedd hi wastad yn brysur yn fan hyn, ond heddiw roedd hi'n ddwysach rhywsut, gyda rhyw wefr ryfedd yn yr aer. Ac wrth gerdded, sylwais ar darddiad y cynnwrf. Roedd torf anferthol wedi ymgasglu ar y pafin gyferbyn â chanolfan Christian Science, yn bloeddio ac yn dal placardiau, posteri, a phethau fel 'NO TO COERCIVE BRAINWASHING' a 'XENU IS A CULT' wedi'u sgwennu mewn llythrennau bras du arnynt.

Gan deimlo'n betrus braidd, rhedais heibio gan ddianc i'r caffi agosaf. Prynais baned a chwilio am le i eistedd. Doedd ddim llawer o opsiynau ac yn y diwedd dyma wasgu'n hun i gadair fechan wrth y ffenest, gan anwesu fy mhaned boeth a syllu trwy'r gwydr ar y protestwyr.

Yn sydyn, daeth llais i darfu ar fy meddyliau.

'Mind if I sit here?'

Wrth droi fy mhen gwelais ddyn canol oed efo gwallt gwyn trawiadol.

Nodiais.

'Sure.'

Gwenodd y dyn.

Roedd tawelwch am ychydig bach, yna dyma fe'n amneidio at y dorf trwy'r ffenest.

'Bit intense.'

Chwarddais.

'Right?'

Roedd rhywbeth am y dyn oedd yn gwneud i rywun fod eisiau siarad.

Ac yn raddol bach, dyma ni'n dechrau siarad am *scientology*, cyltiau, crefydd.

(Sgwrs reit ddwys i gael efo rhywun ro'n i newydd gyfarfod – ond diwrnod felly oedd hi.)

Dwi'n meddwl 'mod i wedi dweud rhywbeth reit ddi-flewyn-ar-dafod (achos 'mod i'n 19 oed) am gasáu unrhyw fath o *brainwashing*.

Nodiodd ei ben a gofyn i mi be oedd fy ngwaith.

Dywedais wrtho fy mod yn fyfyriwr ond 'mod i'n gwneud bach o fiwsig hefyd.

'And you?'

'Oh,' meddai. 'I'm a hypnotherapist.'

Bron i mi dagu ar fy nghoffi.

(Ac yn fy mhen ro'n i'n meddwl – ond, ond... be am y sgwrs rydyn ni *newydd* ei chael?)

'Wow.'

Gwenodd.

A sylwais yn sydyn ar ei lygaid: yn las, ond yn oer, fel sêr yr Arctig.

Yn rhannol i ddianc rhag y llygaid ac yn rhannol achos 'mod i'n wirioneddol chwilfrydig, gofynnais iddo ymhelaethu. A dyma fe'n dechrau dweud wrtha i am ei yrfa.

Sylwais ar ei acen. Y mymryn lleiaf o gyrion Essex. Ond fel arall, llais llyfn, mor llyfn.

Nid y math o *hypnotist* sy'n rhoi pobol i gysgu ar lwyfan gwestai a gwneud iddyn nhw ddawnsio'r can-can, meddai, ond rhywun oedd yn helpu pobol.

Efo be?

Ffobias. Ofnau. Stopio smocio. Colli pwysau.

Ro'n i'n methu â pheidio sbio ar y llygaid 'na. Ro'n nhw fel pwll oedd yn bygwth fy sugno a 'moddi. Roedd pobol yn mynd a dod o'n cwmpas a'r ddau ohonon ni jyst yn eistedd wrth y ffenest.

Ro'n i ar goll yn fy meddwl rhyw fymryn tan iddo ddweud rhywbeth am 'past lives'.

'Past lives?'

Nodiodd.

Ac yn sydyn, ro'n i'n siarad, bron heb wybod be o'n i'n ei ddweud, heb unrhyw reolaeth dros y geiriau oedd yn byrlymu o 'ngheg.

'I think I had a past life...'

'Oh yes?'

A finnau'r syllu i'r llygaid 'na ac yn dechrau disgrifio'r darlun yn fy mhen oedd mwyaf sydyn fel gweledigaeth grefyddol, ddisglair, yn gliriach na'r caffi, yn gliriach na dim byd arall:

Lôn yn America; y Mid-West fwy na thebyg; gyda chaeau tesog, gwag yn mynd 'mlaen am byth. Yr haul yn mynd i lawr gan lenwi'r lle efo goleuni euraidd. A char o dan goeden. Hen fath o gar. Fy nghar i, o bosib. A rhyw gip o gwpwl yn cofleidio o dan y goeden. Sŵn un ohonynt yn chwerthin a sŵn ei llais hi fel dŵr nant, yn groyw.

Real *soft-porn* o ddelwedd.

'Go on...'

Ro'n i'n byw yn y llun hwn. Ro'n i'n gwybod hynny'n reddfol.

Mwy o eiriau, wedyn, ond alla i ddim eu cofio nhw.

Dim ond y car, y goeden a'r haul yn machlud.

A'r teimlad cynnes, cynnes hwn yn ymledu i bob gwythïen yn fy nghorff.

Mwyaf sydyn, dyma fi'n dod at fy nghoed.

Roedd e'n dal i syllu arna i.

'Um..'

Roedd e'n gwenu.

O'n i'n teimlo bach yn *violated*.

'Was that… did you… did you hypnotise me just then?'

Gwenodd eto gan ysgwyd ei ben.

'Not exactly.'

Ac roedd y ffordd ddywedodd e hyn yn awgrymu bod e jyst wedi annog rhyw wirionedd dwfn allan ohona i – fel *truth serum*.

Beth bynnag, meddai e, gan godi ar ei draed, roedd e'n neis iawn i gwrdd â fi.

'Yeah,' atebais yn ddryslyd i gyd, 'you too…'

Roedd y dorf yn dal i ruo dros y ffordd.

A dyma fe'n troi ata i a dweud ei enw.

'I'm on the TV tomorrow.'

'Oh?'

'BBC Breakfast.'

'Oh!'

'See you, Georgia.'

Do'n i ddim yn cofio dweud fy enw wrtho.

'Bye,' meddwn i wedyn ond roedd e wedi mynd.

'Nes i ddrifftio o amgylch Llundain am weddill y diwrnod, heb fod yn bresennol o gwbl, jyst yn arnofio; ddim yn gallu deall yn union beth oedd wedi digwydd yn y caffi nac yn deall tarddiad y ddelwedd heulog, desog 'na chwaith…

Y bore wedyn, rhoddais y teledu ymlaen.

Yn sicr ei fod e wedi dweud celwydd wrtha i.

Yn sicr na fydde fe ar y rhaglen.

Ond dyna fe.

Ar y soffa efo'r cyflwynwyr.

Yr un gwallt gwyn, yr un corff main a'r un llygaid glas.

★★★

Ers hynny, dwi wedi defnyddio hypnotherapi ac wedi ei ffeindio fe'n ddefnyddiol iawn.

Cyn geni fy ail mab, er enghraifft.

O'n i mor *traumatised* ar ôl y tro cyntaf, roedd yn rhaid i mi wneud rhywbeth.

A dyma fi'n gweld hysbyseb mewn caffi lleol am *hypnobirthing*. Roedd y pandemig yn dal i rygnu 'mlaen ac felly roedd yr holl beth dros Zoom.

Fel rhan o'r pecyn, ces lincs i lawrlwytho cwpwl o draciau sain. Bydden i'n cael y budd mwyaf ohonyn nhw, meddai'r athrawes, tasen ni'n gwrando arnyn nhw'n nosweithiol, yn y gwely, wrth ddisgyn i gysgu.

OK, meddyliais, gan benderfynu ymdrochi fy hun yn y broses.

Ar y traciau, roedd llais dynes oedd yn swnio'n eithaf dosbarth canol – a fod ganddi wallt neis, *bouncy* a jympyrs neis – yn fy annog i ddychmygu fy hunan ar draeth.

Naill ai traeth go iawn neu'n un cwbl ddychmygol.

Y syniad, meddai hi, oedd creu rhywle i 'fynd' yn fy mhen pan fydde pethau'n mynd yn anodd; i hyfforddi fy ymennydd, fy isymwybod, i ngharío i'r lle cysurus hwn, heb gwestiwn, pan fydde'r shit yn hitio'r ffan...

Y traeth cyntaf i mi ymweld ag o'n swyddogol yn fy mhen oedd Porthor ym Mhen Llŷn.

Cyn hir, ro'n i'n gallu consurio Porthor yn fy mhen mewn eiliadau – ac nid jyst y llun, ond aroglau'r gwymon, sŵn y gwylanod, yr awel ar fy ngwyneb.

(I'r fath raddau nes 'mod i wedi cael ychydig bach o sioc y tro cyntaf i mi fynd yn ôl i'r traeth yn y byd go iawn achos ei fod e'n wahanol...)

'Nes i barhau efo'r ddefod, ymhell wedi geni fy ail fab, achos fod e'n braf ac mae'n debyg 'mod i ychydig bach yn gaeth i'r *teleportations*.

Mae gen i ap ar fy ffôn, ac ar hwnna mae menyw o Ganada yn fy annog i ddychmygu fy hun ar draeth hefyd.

(Maen nhw'n caru traethau, y *therapists* 'ma...)

Yn ei llais lyfli, mae hi'n dweud wrtha i am y cerrig a'r cregyn, yr adar sy'n cysgu ar un goes wrth y dŵr, am yr awel gynnes sy'n chwythu trwy 'ngwallt fel cusan; ac yna, mae hi'n dweud wrtha i am gerdded i'r môr; a dwi jyst yn gwneud, dwi'n cerdded reit i mewn i'r dŵr, heb feddwl am y llanw, y tonnau, y perygl – er fod pawb sy'n tyfu lan yn Aberystwyth yn *gwybod* yn reddfol dy fod di ddim fod i wneud hyn – dwi'n ei wneud e achos bod hi'n dweud wrtha i wneud... Dwi'n gorwedd ar fy nghefn, a dwi'n ildio.

Pwy all ddweud pa bethau mae'r ddynes o Ganada yn sibrwd i fy isymwybod tra 'mod i'n arnofio'n y dŵr cynnes?

A rili, oes ots? Wedi'r cyfan, fi sy'n dewis gwneud hyn.

Ma 'na gwpwl o draethau dwi'n hoffi ymweld â nhw'n rhithiol.

Mae Porthor yn dal yn ffefryn, Ynys Las hefyd. Ond y traeth arall dwi'n hoffi mynd iddo fe yw'r *mashup* rhyfedd o Aberdaron a'r lle hyn ym Mhortiwgal, lle o'n i arfer mynd pan o'n i'n blentyn gyda Mam a Dad. Mae siâp tebyg i'r ddau draeth, gyda chlogwyni eithaf mawr, *stretches* tywodlyd, ac wedyn – ar ben pellaf y ddau – cildraethau ac ogofâu dirgel, lle mae pethau'n pefrio ac yn simsanu yn haul y prynhawn. Dwi'n deffro o'r freuddwyd, fy meddwl yn dawel ac yn ffres, yn hollol siŵr 'mod i wedi bod yn y llefydd hyn go iawn.

Un diwrnod, dwi'n gweld lluniau arswydus ar fy ffôn o lifogydd yn hyrddio lawr priffyrdd yn Sbaen, pobol yn dianc o Rhodes efo'u plant a'u holl eiddo ar eu cefn trwy gymylau o lwch, canol dinasoedd Pakistan yn boddi dan ddŵr sy'n dal i godi.

A dwi'n meddwl am dwristiaeth rithiol; a meddwl mai falle fel hyn fydd hi, i'r sawl ohonom sy'n ddigon breintiedig.

Gorwedd ar ein cefnau, ar ein gwlâu, ein soffas, yn cau llygaid ar y byd, yn caniatáu i'r sawl sydd efo lleisiau hyfryd ein swyno ni i fydoedd newydd.

***

Un peth arall sydd rhaid i mi ei ddweud.

Dwi'n addo, ar fy llw, fod hyn yn wir.

Tua deg mlynedd ar ôl cwrdd â'r hypnotherapydd yn y caffi yn Llundain, ro'n i'n eistedd mewn gwesty yn Mumbai.

Roedd gen i ddiwrnod prysur o fy mlaen, lot o ddysgu caneuon ac ymarfer efo cerddorion, ac felly ro'n i'n eiddgar i gael brecwast da.

Ro'n i'n eistedd yn yfed fy nghoffi pan welais, o gornel fy llygad, fflach o ffabrig gwyn.

Trois fy mhen.

A gweld: fe.

Yr hypnotherapydd.

Mor glir â'r dydd.

Mewn siwt *linen* wen.

Yn edrych yn union fel oedd e ar y bore hwnnw yn Tottenham Court Road.

O'n i'n meddwl am eiliad bod y gwres wedi effeithio fy mhen.

Ond fe oedd e.

Roedd e efo dyn ifanc ac am ryw reswm penderfynais mai ei fab oedd e.

Clywais nhw'n siarad, a dyna fe – yr union acen ag o'r blaen.

Welodd e mohona i.

Rhedais, trwy ddrysau'r stafell frecwast, heibio'r dderbynfa, allan i'r stryd, i heulwen a gwres y bore, y blew ar fy mreichiau yn saethu i fyny; rhedais, heibio'r bobol a'r ceir, heibio'r cŵn, mor bell o'r llygaid 'na ag y gallen i fynd.

Madfall

Mae 'na lot o bobol ar y trên prynhawn Sul i Fachynlleth ac mae lot ohonyn nhw efo barn ar yr iaith Gymraeg.

Maen nhw ar eu ffordd i'r ŵyl Gomedi ac er 'mod i ddim yn clywed unrhyw beth sy'n ymylu ar atgasedd – i'r gwrthwyneb a dweud y gwir, maen nhw'n reit pro-iaith ac yn wybodus iawn efo *stats* a ffeithiau diddorol – dwi'n rhy fregus i wrando heddiw. Jyst rhag ofn bo *rhywun* yn dweud *rhywbeth* a 'mod i'n teimlo dyletswydd i gamu i mewn ac amddiffyn yr iaith.

Ni allaf ddianc rhag hon...

Neithiwr, ar y bws adre o'r briodas, o'n i'n hanner cysgu ac yn gwrando ar frawd fy ffrind yn disgrifio ei berthynas efo'r iaith i rai o'r gwesteion o Loegr. Ro'n nhw'n gwrando arno'n gysglyd ond yn astud, eu cariadon yn hanner cysgu yn eu colau a'r bws yn ein cario ni'n araf bach trwy'r tywyllwch ar hyd y lonydd troellog yn ôl i Aber. Roedd e'n esbonio fod ganddo gymeriad gwahanol yn y ddwy iaith. Roedd y fersiwn Cymraeg yn fwy addfwyn achos, meddai e, mai atgof o lais ei fam oedd yr iaith iddo erbyn hyn. Bron i mi grio yn clywed hwnna, ond falle mai'r alcohol oedd ar fai...

Roedd un o'r gwesteion yn nodio'i ben. Roedd ei fam yn Swis-Almaenes ond wedi symud i fyw i Loegr i fagu ei theulu.

'She's so mean in English,' meddai. 'Like, unbelievably mean.'

A dyma pawb yn chwerthin a'r bws yn ein dal ni'n saff gyda'n holl wahaniaethau.

Ond neithiwr oedd hwnna.

Heddiw mae'n ddiwrnod gwahanol a dwi'n fregus. Ac felly, dwi'n stwffio'r clustffonau i fy nghlustiau ac yn troi'r sŵn yn uwch er mwyn gwrando'n well ar y caneuon dwi angen eu dysgu cyn fory.

Dwi ar fy ffordd i Gaerdydd i recordio harmonïau ar gyfer albym cerddor dwi'n edmygu'n fawr. Dwi'n nerfus ac yn fregus ond mewn rhyw le pleserus dydd Sul, yn mwynhau rhythm y trên dros y traciau ac yn gwylio afon Dyfi'n gwibio heibio'n ei holl ysblander.

Llynedd, fe gerddon ni mas ar y bordiau pren trwy'r gwlypdiroedd gyda'r plant a gweld llwyth o fadfallod yn torheulo ar y pren, yn gwasgaru ac yn neidio i'r gwair wrth i ni nesáu, eu traed bach ar led.

Dwi wedi bod yn meddwl ac yn darllen lot am fadfallod yn ddiweddar heb cweit wybod pam.

Dyw Iwan ddim yn credu mewn *spirit animals* ond mae e'n caru madfallod.

Pan wnaethon ni gwrdd, roedd e'n cadw un, mewn tanc gwydr.

Roedd hi'n lyfli a ychydig bach yn rhyfedd.

'Ydyn nhw'n hoffi cael mwythau?'

'Ma' nhw'n hollol indifferent,' meddai Iwan.

Rhai blynyddoedd wedyn, o' n i'n Seville yn nyrsio gwydred o win ac yn gwylio'r ymlusgiaid bychain yn rhedeg fyny ochrau'r adeiladau yn y gwyll, eu cyrff yn gwasgu yn erbyn y garreg boeth, pan nes i ddeall – a derbyn – mai madfall o'n i.

Cyn hynny o'n i wedi amau 'mod i'n ryw fath o *gerbil*, ond

madfall o'n i: yn nerfus, yn chwit-chwat, ddim yn arbennig o fwythlyd, ond yn caru cynhesrwydd a gwres, y teimlad o goncrid poeth yn erbyn sodlau fy nhraed.

Bore 'ma, 'nes i benderfynu 'mod i am drio *antidepressants* am y tro cyntaf yn fy mywyd.

Wrth ddweud y peth mas yn uchel – ac wrth sgwennu'r peth nawr – o'n i'n teimlo gwarth ac ofn fel taswn i wedi bod yn gohirio'r peth am mor hir, ac o'r diwedd, wedi gorfod derbyn 'mod i wedi colli.

Ond gynne 'nes i ddarllen rhywbeth neis am fadfallod a sut maen nhw'n aberthu eu cynffonnau.

'At the same time, the lizard knows when to call it quits. It's willing to sacrifice its tail to the enemy to ensure that it fights another day. Of course, it does this in the full knowledge that another tail will grow in the place of the first one.'

'Mater o gemegion yw e.'

Dyna ddwedais i neithiwr wrth rywun oedd wedi dechrau cymryd y feddyginiaeth. O'n i'n edmygu nhw gymaint, gan deimlo ar yr un pryd na fydden i fyth yn gallu cyrraedd y pwynt yna achos fod e'n teimlo'n ormod fel colled.

Ond bore 'ma, ro'n i'n teimlo'n wahanol. A falle mai hwn yw fy fersiwn i o dyfu cymalau newydd.

Nid torri fy nhrwyn i sbeitio fy ngwyneb.

Ond yn hytrach, colli fy nghynffon i arbed fy hapusrwydd.

Dwi jyst eisiau bod yn gynnes.

I gael gorwedd mas yn yr haul, ar wal yn rhywle – neu ar lwybr pren yng nghanol y foryd – yn saff o wybod ei fod e'n iawn i fod eisiau bod yn hapus ac yn gynnes.

★★★

Y prynhawn canlynol, dwi'n sefyll yng nghegin fy ffrind yn canu harmonis mewn i feicroffon. Yn ara deg, mae fy llygaid yn teithio o'r tecell a'r fowlen ffrwythau i fyny at gornel chwith uchaf y cwpwrdd. Yno, yn glir, dwi'n gweld cwpan efo llun arno: madfall.

A dwi'n diolch i'r duwiau 'mod i'n rhywun sy'n ddigon twp i gredu mewn arwyddion o'r nefoedd.

Achos mae hon yn un OK.

Manion

Dino Bones 1
Mae fy mam yn trio honni nad oedd deinosoriaid yn *thing* pan oedd hi'n fach.

'We just didn't have them.'

'What do you mean – you didn't have them?'

Mae hi'n mynd yn *flustered* ond yn dal ei thir.

'What I mean is, they weren't *everywhere*. Children didn't know about them. Not like they do now.'

Dino Bones 2
Mae 'na stori, ar hyd y safleoedd *gossip*, am yr actor Hollywood sy'n mynnu gwisgo clustffonau wrth gael secs.

Mae e'n gwahodd menywod yn ôl i'w gartref sydd, yn ôl pob sôn, yn llawn o esgyrn deinosoriaid. Mae e'n tynnu ei gap, yn tynnu'i ddillad, ac yn ofalus iawn yn rhoi'r clustffonau am ei ben, cyn mynd ati.

Oherwydd hyn mae e wedi ennyn y llysenw 'Headphones Dino Bones'.

31
Diwrnod arall ac e-bost arall gan fy mam efo erthygl mae hi wedi'i ffeindio ar y we. Y tro hwn: ci hyna'r byd, Bobi o Bortwigal, sydd newydd ddathlu ei ben-blwydd yn 31 efo dros 100 o westeion.

Drwy gydol ei fywyd, mae Bobi wedi cerdded yn rhydd

drwy'r fforestydd sy'n amgylchynu cartref ei berchnogion, y Costas. Dyw e erioed wedi bod ar dennyn.

Dyw e erioed wedi bod yn unig, yn ôl ei berchennog, achos bod e wastad wedi cael cwmni anifeiliaid eraill.

Erbyn hyn, ac yntau'n hen, mae Bobi'n cael trafferth cerdded ac felly'n ffafrio cysur yr ardd i wylltni'r fforestydd. Mae ei olwg yn dirywio, sy'n golygu ei fod e'n aml yn taro mewn i bethau pan mae e'n cerdded.

Mehefin

Mis y mwyalchod. Maen nhw'n ymhob man, yn *randy* ac yn swnllyd, er yn hollol gorjys – eu cynffonnau'n unionsyth, eu brestiau'n falch ac yn llawn fel peli; yn trydar ar y silff ffenest am bump y bore pan dwi'n trio cysgu. Mae'r mefus yn yr ardd bron yn gwbl goch, nawr. Ond maen nhw'n dal i fod yn rhy sur i'w bwyta fel mae'r plant yn ei ddarganfod wrth eu stwffio i'w cegau un prynhawn. Wrth eu gweld nhw'n poeri ac yn protestio, eu cegau'n gomig, dwi'n cofio am y cnwd anhygoel o fefus gwyllt sy'n tyfu pob mis Gorffennaf yn y fynwent, sy'n rhyfedd pan ti'n meddwl am y peth, nag yw e? Beth yw'r gwrtaith, ayyb ayyb. Ond dyna'r mefus mwyaf bendigedig dwi wedi'u blasu.

Bore

Weithiau, mae fy nicter yn codi'n y bore ac yn gwisgo'i hunan fel tristwch. Ac weithiau, mae fy nhristwch yn codi ac yn gwisgo'i hunan fel dicter. Mae'n codi'r cwestiwn – sut ffyc ti fod i wybod os mai trist neu crac wyt ti o un diwrnod i'r llall?

Mudlarking

Mae fy ffrind Abby wedi cael sawl swydd ers i ni fod yn y Brifysgol gyda'n gilydd. Mae hi wedi gweithio mewn bwytai, wedi bod yn *chef*, wedi rhedeg i ffwrdd i Seland Newydd, yna Montreal, ac unwaith wedi dechrau hyfforddi fel nyrs, cyn newid ei meddwl.

Dwi'n caru Abby. Mae hi'n byw bywyd fel antur, ei hacen Colchester yn dal mor gryf ag erioed. Dwi'n llwyddo i'w gweld hi tua unwaith bob pum mlynedd, sydd ddim yn hanner digon, ond dwi'n ddiolchgar am y cyfle achlysurol i gadw llygad arni. Ac er bod ei swydd wastad yn newid, mae hi yr union yr un peth, gan gynnwys y fodrwy yn ei thrwyn.

Heddiw, rydyn ni'n eistedd tu allan i dafarn yn Llundain, lle dwi newydd dalu £8 am beint. Mae'r acenion *posh* yn hedfan o'n cwmpas, a ninnau'n chwerthin yn slei bach i'n gilydd, achos fel hyn yn union oedd Caergrawnt. Pobol *posh* ym mhob man yn trio esgus nad ydyn nhw'n *posh*.

Mae hi'n holi am y bechgyn a dwi'n dechrau dweud wrthi am hanes yr hynaf efo'i ffosiliau a'r cerrig.

'No way?'

Ac mae hi'n dweud wrtha i am y traethau y tu fas i Colchester, lle bydde hi a'i chwaer yn suddo eu dwylo i'r tonnau bas, ac yn dychwelyd efo dyrnaid o ddannedd siarc.

'I've got loads.'

Sut 'mod i ddim yn gwybod ei bod hi'n *fossil nerd*?

Mae hi'n nodio.

'Fully.'

Yna, mae hi'n dechrau dweud wrtha i am ei hobi diweddaraf.

Mudlarking.

Y weithred, meddai hi, o dyrchu dwylo i'r mwd ar lannau'r Thames i chwilio am bibau clai, esgyrn, gwydr. Mae ei llygaid yn pefrio wrth ddweud wrtha i am yr anturiaethau *solo* yma. Alla i ei gweld hi'n glir yn fy meddwl, yn camu ar hyd y mwd, ei gwallt *peroxide* yn disgleirio'n erbyn y wawr.

Ar ôl sbel fach, mae ei chariad yn ymuno gyda ni. Mae e'n *posh*, go iawn, yn gweithio mewn banc gydag acen Albanaidd ysgafn.

Rydyn ni'n parhau i siarad am y pethau mae modd eu ffeindio mewn mwd. A dwi'n dweud wrthyn nhw – achos mae hyn bellach yn teimlo fel gofod saff – 'mod i wedi bod yn mwynhau darllen am hen bentyrrau sbwriel a sut maen nhw'n llawn trysorau archeolegol.

'Midden, I think you call them.'

'Oh, yeah,' meddai'r cariad. 'You know, in Scots, a *midden* is a messy house.'

Dwi'n caru hynna, ac yn meddwl am y peth am amser hir, ymhell ar ôl i mi gyrraedd adre i fy nghartref blêr fy hun, ac am wythnosau wedyn, pan dwi'n cael neges gan Abby yn dweud eu bod nhw wedi gwahanu.

Lego

Dwi'n dilyn y cyfrif anhygoel yma ar Twitter / X – *Lego Lost at Sea* – sy'n rhannu lluniau o'r darnau lego a theganau mae pobol wedi'u ffeindio ar draethau ledled y byd. A dwi'n gweld sut mae'r môr yn gweithredu ar ei elyn pennaf: plastig – yn anffurfio wyneb tegan Happy Meal, nes ei fod e'n edrych fel duwies ffrwythlondeb hynafol.

Piod

Mae tua chwe blynedd wedi mynd heibio ers i mi saliwtio pioden ddiwethaf. A dwi'n teimlo'n eithaf da am fy adferiad. Dwi ddim hyd yn oed yn meddwl am y peth, y rhan fwyaf o'r amser. Er yn amlwg, weithiau mae 'na *reflex* cyhyrol, a'r oll sydd ei angen ydi fflach o blu du a gwyn i orfodi fy mraich i fyny at fy nhalcen. Ond dyw e bron byth yn digwydd rhagor.

Machynlleth

Sori, ond mae hyn yn wir pob gair: llais fy Nan yn dweud 'Mahoonclyth' yn ei hacen Black Country oedd un o'r pethau fwyaf lyfli dwi wedi'i glywed erioed, a bydden i'n rhoi unrhyw beth i'w glywed e eto.

Gorffennaf

Afalau ar y llwybr. Yn fach ac yn wyrdd. Rhai yn dechrau pydru'n barod. Y lle cyfan yn arogli fel gŵyl seidr, sy'n eithaf annisgwyl pan ti'n cerdded am naw y bore.

Mae blodau pinc yn dechrau blaguro ar y drain sy'n golygu bod y mwyar duon ar y ffordd.

Mae'r brain yn casglu ar do y tŷ drws nesaf, yn llygadu'r goeden geirios yn ei hardd gefn, yn cecru ac yn herio ei gilydd i fynd i 'nôl y ffrwythau, eu plu yn ysgwyd.

Mae Jane Birkin yn marw.

A'r cwbl dwi'n gallu meddwl amdano yw'r ffordd roedd hi'n

piffian chwerthin ar albym *Ballade de Melody Nelson* – yn fwy rhochllyd na fydde rhywun wedi'i ddisgwyl, yn cyferbynnu efo gweddill ei delwedd.

Mi fydden i'n rhoi unrhyw beth i fod yn ddigon dewr i rochian fel yna ar record. Uwch ein pennau, uwch y tai, mae'r bwncath yn nofio ar y gwynt, ei lais yn annaearol.

Dwi ddim yn cofio ei weld yr amser yma llynedd.

Blodyn Haul

Yn ôl yn nyddiau niwlog y cyfnod cynhanesyddol 'na – Cyn Gwyliau'r Haf – daeth fy mab hynaf adre o'r ysgol efo potyn iogyrt a sbrigyn bach gwyrdd yn tyfu allan ohono.

Blodyn haul, meddai e.

Roedd pob un plentyn yn ei ddosbarth wedi cael un.

Eu tasg? I feithrin y peth bach yn beth mawr dros y gwyliau. Do'n i ddim yn rhy obeithiol ond yn amlwg 'nes i ddim dweud hynny wrtho.

'Lyfli,' meddwn i, gan roi'r potyn ar silff ffenest y gegin.

Wnaeth e ddim marw.

Ond wnaeth e ddim tyfu chwaith.

Hyd yn oed pan blannon ni fe tu fas mewn potyn call, wnaeth e jyst aros yr un maint. Tra bod blodau haul y tai arall o'n cwmpas yn tyfu'n anferth ac yn frenhinol, dyma'r sbrigyn bach jyst yn aros.

'Nath un ni farw,' meddai Catrin, fy ffrind (roedd ei mab hi yn yr un flwyddyn ysgol).

'Sai'n siŵr be sy 'di digwydd i hwn,' dywedais i, gan anwesu fy mhaned tra'n bod ni'n sefyll yn yr ardd. 'Fi'n siŵr neith e farw.'

Ond wnaeth e ddim.

Drwy'r wythnosau gwlyb a gwyllt i ddilyn.

Drwy'r dagrau a'r cymdogion newydd.

A'r *debacle* lindys-wedi-marw.

A'r pen-blwydd.

Pallodd y planhigyn farw.

Ac yna, reit ar ddiwedd yr haf, pan roedd y ddaear eisoes yn dechrau arogli'n gysglyd ac yn flasus o hydrefol, pan roedd casys pensiliau newydd yn cael eu prynu a chynlluniau haf na wireddwyd yn cael eu dodi i un ochr...

Yn sydyn, dyma'r petalau'n agor.

Pan roedd blodau haul eraill y stryd wedi hen farw, wedi gwywo a chrychu ar eu coesau hir, roedd e'n ddigon o sioe.

Yn felyn, yn herfeiddiol yn erbyn yr awyr lwyd.

A dyma ni'n rhyfeddu ato, ac yn dweud, 'wel co fe de...'

A gwyneb fy mab yn dweud –'ti'n gweld, dywedes i y bydde fe'n tyfu.'

Dannedd

Yn raddol bach, mae casgliad ffosiliau fy mab yn tyfu hefyd. Yr hyn sy'n rhyfedd ydi fod e bron fel *sixth sense* gyda fe. Dyw e ddim yn gweld pobol wedi marw, hyd y gwn i, ond mae e'n gwybod yn reddfol, cyn iddo fe godi carreg yn ei law, os yw hi'n cynnwys gweddillion planhigion ac anifeiliaid hynafol.

Un diwrnod ar Ynys Las mae e'n ffeindio rhywbeth, ac yn ein galw ni'n ôl i weld.

Mae'r haul yn gwenu ar y diwrnod hwn a'r gwynt yn siglo'r glaswelltau ar y twyni. Mae popeth yn araf, rhywsut; heblaw amdano fe.

'Edrych,' mae e'n dweud, gan agor ei law.

Rydyn ni'n rhythu ar y garreg ryfedd, sy'n lympiau i gyd, yn mesur tua 6 cm ar draws, efo'r un fath o batrymau cwrel oedd ar y garreg biws gyntaf 'na o'r llwybr, fisoedd yn ôl.

Mae'n amser i ni fynd adre ac felly ni'n dechrau cerdded yn ofalus ar hyd y cerrig mawr gan gadw Aberdyfi dros y dŵr ar y chwith i ni, a throi wedyn rownd y gornel am y car.

I mewn â'r garreg i'w boced, lle caiff ei hanghofio (gan yr oedolion, o leiaf) am y tro.

Mae amser yn pasio.

***

Ar ôl addo'r peth am fisoedd, ni'n mynd â fe ar bererindod i Amgueddfa Caerdydd i weld y ffosiliau.

Yno, rydyn ni'n syllu mewn rhyfeddod ar olion traed deinosor wnaeth Lily, pedair oed, ddod o hyd iddyn nhw ar draeth Penarth ac yn syllu ar y cerflun bach o Mary Anning, y ferch un ar ddeg oed o Lyme Regis, a ddaeth o hyd i sgerbwd *ichthyosaur* – *ichthys* sef pysgodyn, a *sauros* sef madfall, ar y traeth, a dod yn un o balaeontolegwyr pwysicaf ein hanes, er i'r sefydliad gwyddonol geisio dwyn ei syniadau.

(Rhywbeth dwi wedi'i ddysgu: Mary oedd tarddiad y rhigwm 'she sells seashells on the seashore'.)

Mae teulu bach arall yn gwasgu heibio ni, yn ddirybudd, ar frys i weld y deinosoriaid. Ar eu ffordd, mae'r plant yn cyfnewid enwau'r creaduriaid gwahanol nes eu bod nhw allan o wynt.

Brontosaurus, brachiosaurus.

'Na,' meddai'r ferch, wrth golli amynedd efo'i brawd, 'mae e'n fwy.'

(Maen nhw'n dod o America, dwi'n meddwl.)

A dwi'n meddwl eto am y ffaith bod plant a ffosiliau'n gyfuniad rhyfedd ond naturiol.

Achos bod plant yn nes at y ddaear?

Achos eu bod nhw'n clywed y gorffennol yn sibrwd yn gliriach?

33 mlynedd 'nôl, fe ddes i, dro ar ôl tro, i'r amgueddfa hon i weld y crwban *leatherback*.

Y môr-grwban mwyaf yn y byd, a olchwyd i'r lan ar draeth Harlech ym mis Medi 1988 (blwyddyn fy ngeni) yn pwyso 914 kilo.

Dwi'n cofio ei weld e'n crogi dan y goleuadau glas, fel

rhywbeth allan o ffilm *sci-fi* a meddwl ei fod e'n arnofio ymhlith y sêr, a'i fod e mor hardd, mor drist, ac mor sych.

Pan symudon ni o'r de i Aberystwyth, dwi'n cofio poeni am y crwban a gobeithio y bydde fe'n ocê.

Ond mynd yn fwy sych wnaeth e, i'r fath raddau nes i'r amgueddfa orfod camu i mewn, rhag i'r holl beth droi'n llwch.

Roedd e eisoes wedi dechrau cracio (o ganlyniad, yn bennaf, i'r sychder yn yr aer) ac felly dechreuwyd ar y gwaith o adfer a thrwsio; oriau o lanhau'r baw a'r saim, yna ail-siapio, golchi'r sgerbwd, ac yn olaf, tynnu'r haenau trwchus o baent du, er mwyn datgelu croen a phatrymau gwreiddiol y crwban.

Yn 2006, aeth y creadur i fyw mewn rhan newydd o'r adeilad, yn yr oriel 'Dyn a'r Amgylchedd', efo ffrind newydd, y morfil cefngrwm.

'Mae'r aer,' meddai'r amgueddfa, 'gymaint gwell yn y stafell hon'.

A dyma lle dwi'n ei ganfod e, yn gwbl annisgwyl, ar y ffordd i weld mwy o ffosiliau.

Y ddau ohonon ni'n edrych bach yn wahanol.

(Bach fel pan ti'n bwmpo fewn i *ex* yn Chapter…)

Yn arnofio, yn union fel o'dd e'n arfer ei wneud.

Yng nghanol y sêr.

Yr un peth, ond yn wahanol.

***

Y noson honno, yn ei byjamas, mae fy mab yn gwneud cofnod gofalus o'i holl ffosiliau.

Gan gynnwys yr un o Ynys Las.

Mae e'n troi'r garreg drosodd a throsodd yn ei ddwylo.

'Ti'n gweld y siapiau?' mae e'n gofyn, gan bwyntio at gyfres o linellau sy'n edrych fel ffans *flamenco*.

Brachiopod, neu falle cwrel.

Dim byd mawr...

Ond weithiau mae'n cymryd amser i'r llygaid weld.

Achos yn sydyn ni'n dechrau sylwi ar y siapau tywyll sydd ar y garreg. A falle, tasen ni heb fod i'r amgueddfa i syllu ar y holl ddannedd a chrafangau cynhanesyddol 'na, bydde ein llygaid ni heb gael eu preimio.

Ond nawr rydyn ni'n eu gweld nhw'n glir; y marciau pigog, du, fel tase rhywbeth wedi brathu'r graig, gan adael ei ddannedd ar ôl.

Blydi hel, dwi'n meddwl, achos erbyn hyn rydyn ni'n gweld y genogl.

Rhaid mai dannedd ydyn nhw.

'Rhai megalodon,' mae e'n dweud.

('Neu falle jyst siarc.')

Dwi'n dechrau teimlo'r cyffro hefyd, a gyda'n gilydd ni'n bownsio o gwmpas y landing fel pâr o beli tenis, yn gweiddi 'dannedd, dannedd, dannedd'.

★★★

Un noson, mae Dad yn dweud wrthon ni am ei dad e, Walter, oedd yn gweithio yn y pwll glo tu fas i Donyrefail.

Weithie, meddai Dad, bydde'r glowyr yn dod adre gyda'r nos, a'u pocedi'n llawn o'r ffosiliau ro'n nhw wedi eu ffeindio yn semau'r glo.

Tanwydd ffosil go iawn.

Wythnosau wedyn, mae e'n gwadu ei fod e wedi dweud hyn, bod e erioed wedi dweud bod ei dad wedi dod â ffosiliau adre.

(Dwi'n colli'r plot, mae'n rhaid.)

O'r diwedd, mae e'n hanner meddalu.

Falle bod e wedi dweud rhywbeth am y glowyr a'r ffosiliau ond glowyr eraill oedden nhw. Nid ei dad e, nid Walter.

Be oedd yn digwydd i'r ffosiliau 'na?

Dyw e ddim yn cofio.

Amgueddfa Caerdydd, falle?

Mae e'n cymryd tua 5 munud i feddwl am hyn cyn tecstio'n ôl.

'U must remember they were commonplace, where the miners were digging, in the end I guess nobody bothered.'

Ond dwi'n *bothered*.

Dwi wedi dechrau mwynhau'r busnes ffosiliau 'ma.

Dwi ddim isie lladd y peth i fy mab, trwy fod yn rhy eiddgar ond dwi'n mwynhau dysgu gyda fe, yn mwynhau ein bod ni'n rhannu *hwn*: beth bynnag yw e.

Achos os yw e ynddo fe, mae e ynddof fi hefyd.

(Ddylwn i fod wedi sylwi hyn yn gynharach. Yn enwedig o ystyried 'mod i wedi rhyddhau albym o'r enw *Fossil Scale*. Ond gwell hwyr na hwyrach...)

Mae ffosiliau yn hollol wych.

Y gorffennol ydyn nhw: wedi'u cadw'n ddiogel, mewn clogwyni, dan haenau a haenau o fwd neu iâ, am filoedd a miloedd o flynyddoedd. Yn aros i rywun sylwi arnyn nhw, i'w tynnu nhw mas i'r goleuni.

Maen nhw 'ngwneud i'n emosiynol, a dwi'n meddwl amdanyn nhw o leiaf bum gwaith y diwrnod.

Ac felly dwi'n penderfynu 'mod i am gael rhywun i adnabod ffosil Ynys Las.

Dwi ddim isie pestro cydweithiwr fy ffrind achos dwi'n amau fod ganddi bethau pwysicach i'w gwneud.

Cyn 'mod i'n taflu fy hunan i ddyfnderoedd Reddit, dwi'n troi at Facebook i weld alla i ffeindio grŵp.

Fel tase rywun yn disgwyl, mae llwythi.

Dwi'n clicio ar yr un sy'n swnio symlaf: 'Bone and Fossil Identification.'

Mae 'na restr hir o reolau.

Mae rhif un yn rhoi ias yn fy nghalon.

1. About human remains
If you are not trained in identification of human remains, DO NOT say that a bone is human. It quickly creates panic. We have a pinned announcement listing members who are professionals approved to ID human remains. If you think you found something human, post it to the thread 'On possible human remains' under the announcement tab BEFORE posting to the main group. The experts there will help you. THIS IS NON-NEGOTIABLE.

JFC, dwi'n meddwl. Falle nid dyma'r fforwm i mi.

Dwi'n parhau i chwilio.

Ma un boi yn galw ei hunan yn Fossil Daddy.

Mae'r post diweddaraf ganddo yn ei ddangos e, yn noeth, gyda dim ond slab mawr o galchfaen i gadw fe rhag *lifetime ban* ar Facebook.

'I promise you, if you zoom in, you'll see an awesome fossil trilobite I found! Did you know that there's a fascinating window into our planet's distant past right along the shores of Lake Erie near Buffalo, NY?'

Mae e'n gwneud y peth Tyra Banks 'na efo'i lygaid – y *smize*.

Dwi'n parhau i chwilio.

O'r diwedd dwi'n ffeindio grŵp, y Fossil Forum, lle mae'r aelodaeth 51.9K wrth eu boddau efo'r sialens o adnabod ffosiliau o luniau aneglur eu cyd-aelodau.

Yn ofalus iawn, gan wneud yn siŵr 'mod i'n cael y darnau du, pigog i mewn, dwi'n tynnu cwpwl o luniau o'r garreg, o wahanol onglau.

Yna, dwi'n sgwennu:

'My 5 y.o. son found this on a beach in Ceredigion, Mid Wales. We thought we could see teeth. But we're not sure. If anyone could identify it, that would be great. Thank you!'

Does neb wedi ateb eto, ond dwi'n siŵr y gwnewn nhw.

★★★

Y noson honno, mae fy mab yn colli ei ddant cyntaf.

Wel, nid ei golli, yn union...

'Alli di dynnu fe mas?'

'O god,' dwi'n dweud, 'rili?'

Mae e'n nodio ei ben.

'Rili.'

Yn anfodlon iawn, dwi'n gafael yn y dant wrth y gwreiddyn.

Mae e mor fach a dwi'n gorfod troi fy mraich i gael yr ongl yn iawn.

'Ti'n siŵr am hyn?'

Mae e'n nodio.

Dwi'n tynnu efo fy holl nerth.

O'r diwedd, mae'r dant yn gorwedd yn fy llaw, yn bitw ac yn wyn.

'Ti'n iawn?'

'Ydw,' mae e'n dweud, ei lygaid fel soseri.

Mae'r ddau ohonon ni mewn sioc, braidd.

O'n i'n arfer breuddwydio am y teimlad o dynnu dannedd – fy rhai fy hun, bryd hynny – wrth eu gwreiddiau, un ar ôl y llall, tan fod 'na bentwr gwyn, sgleiniog o'm cwmpas.

Arwydd o newid mawr, meddai Google.

Arwydd o ansicrwydd mawr, meddai Mam.

A sôn am Mam...

Rhai wythnosau'n ôl, daeth fy mab hynaf adre a dweud ei fod wedi darganfod potyn yn llawn o 'nannedd babi i yn nhŷ fy rhieni. Roedd Mam yn amlwg wedi bod yn eu cadw, fel rhyw fath o Miss Haversham *demented*.

'O ie,' mae ffrind arall yn dweud, 'ma Mam yn cadw cyrls fy chwaer a fi yn ei stafell wely.'

God, dwi'n meddwl, be sy'n bod ar y menywod hyn? Fydden i fyth yn gwneud unrhyw beth felna.

Nawr, wrth syllu lawr ar y dant bychan, dwi'n gwybod na fydden i fyth yn gallu cael gwared arno.

'Ti'n mynd i daflu fe, wyt?'

Ma Iwan yn fy llygadu'n ddrwgdybus i gyd.

'Obviously,' dwi'n dweud.

Ond mae e'n dal yma ar ochr y gwely.

Dwi'n ei weld e pan dwi'n deffro, ac wrth fynd i gysgu yn y nos.

A falle, rhyw ddiwrnod, pan fyddwn ni gyd wedi mynd, mi fydd rhywun, neu rywbeth, yn darganfod y dant yn gorwedd rhwng y cerrig, ar draeth, ddim yn rhy bell o fan hyn.

A falle fydd y byd heb losgi a falle fydd e ddim wedi mynd o dan y dŵr.

A bydd y rhywun, neu'r rhywbeth yma, yn codi'r dant yn araf gan feddwl tybed i ba rywogaeth roedd e'n perthyn.

Pwy oedden nhw?

Beth oedden nhw'n ei garu?
Pwy oedd yn eu caru nhw'n fwy na dim byd arall?

***

Mae'r sylwadau'n dechrau ymddangos ar y llun o'n ffosil.

'Barnacle, maybe,' meddai'r person cyntaf.

(Hmm, dwi'n meddwl, ond be' am y dannedd?)

Y bore wedyn, daw'r ateb yn gadarnhaol.

Gan ddyn o'r enw Chad, sy'n geolegydd (wedi ymddeol, bellach).

'Looks like a weathered cobble of limestone cone-in-cone, a sedimentary structure.'

Mae'r lleill yn tueddu i gytuno, gan arsylwi bod haenau'r graig yn y lluniau yn profi'r peth.

Mae rhai ohonyn nhw'n swnio'n sori iawn.

'I think cone-in-cone,' meddai dyn o'r enw Daniel. 'Not a fossil, sorry.'

'That's OK,' dwi'n sgwennu 'nôl yn sionc, 'it's all interesting!'

Dwi'n mwynhau ateb optimistaidd dynes o Ffrainc, Helene, sy'n sgwennu:

'Morceau de machoire.'

Darn o asgwrn gên.

(Yn amlwg, Helene a fi ydi breuddwydwyr uchelgeisiol y lle 'ma.)

Ac wedyn, dyn o'r enw Larry, sy'n postio'r peth mwyaf *profound* i mi ei ddarllen erioed.

'Sometimes the joy comes from not knowing.'

Taswn i'n gallu hoffi'r post yma filiwn o weithiau, bydden i'n gwneud.

Wrth sgrolio trwy'r grŵp, dwi'n dechrau sylwi ar batrwm.

'Fy merch wnaeth ffeindio hwn ar waelod afon yn Ohio...'

'Fy mab bach wnaeth ffeindio hwn ar draeth yn Swydd Efrog...'

A dwi'n darllen yn y newyddion am fachgen bach arall, Eli, naw oed, sydd wedi darganfod amonit anferthol (200 miliwn oed, yn mesur tua throedfedd ar draws) ar draeth Llanilltud Fawr, ar ochr y clogwyn.

(O Lanilltud o'n i'n teithio i'r amgueddfa i weld y crwban, yr holl flynyddoedd 'na'n ôl, ac mae'r traeth wedi'i brintio yn fy meddwl am byth.)

Mae gan Eli gasgliad o ffosiliau bychain adre; wedi'u gosod o gwmpas y stafell fyw, y gegin.

Dwi'n meddwl mai fi wnaeth basio'r peth 'mlaen iddo fe, meddai ei dad, mewn cyfweliad. O'n i'n *nerd* am yr holl bethe deinosor 'na...

Dyw Eli ddim isie bod yn baleontolegwr pan ma fe'n tyfu lan. Mae e isie chwarae pêl-droed.

Dwi'n rhoi gwybod i fy mab am y ffosil: am y ffaith fod e ddim yn un, fwy na thebyg.

'Cone-in-cone structure,' dwi'n ddweud. 'Côn-mewn-côn. Ond ma' nhw'n brin!'

Mae e'n ystyried hyn.

'Sori na ddim dannedd siarc o'n nhw, dwi'n dweud wedyn. Es i bach dros ben llestri.'

Mae e'n codi ei ysgwyddau.

''Sdim ots,' ma fe'n gweud. 'Fi'n mynd i ffeindio loads mwy.'

Dwi isie dweud wrtho faint dwi'n ei garu fe.

Ond mae e'n sgipio i ffwrdd, gan fy ngadael i'n sefyll yn y gegin, efo'r grŵp ffosiliau ar agor ar fy ffôn.

★★★

Tua mis wedyn, mae fy mam yn danfon erthygl o wefan y BBC.

Mae un o gramenni ffosil pwysica'r byd wedi cael ei darganfod mewn hen chwarel ger Llandrindod ym Mhowys gan ddau o ymchwilwyr Amgueddfa Cymru.

('Nôl yn 2020, a bod yn gywir – ond maen nhw newydd gael cydnabyddiaeth swyddogol).

Mae ffosiliau Castle Bank tua 460 miliwn mlwydd oed, yn deillio o'r cyfnod Ordofigaidd – pan oedd Cymru wedi'i gorchuddio'n gyfan gwbl gan gefnfor, efo dim ond cwpwl o ynysoedd folcanig yma ac acw i dorri'r glas – ac yn cynnwys dros 170 o rywogaethau gwahanol.

Yr hyn sy'n nodweddiadol am y rhain ydi'r ffaith nad jyst y darnau caled, fel y cregyn a'r esgyrn, sydd wedi eu cadw, ond y darnau meddal hefyd.

Ymhlith y pethau meddal mae lot o wahanol fwydod, dau fath o seren fôr, dau fath o *barnacle*, a rhywbeth sydd hyd yn oed yn perthyn o bell i ni – pysgodyn heb ên o'r enw *conodont*.

(Iown, *conodont*?)

Mae'r ymchwilwyr, Dr Joseph Botting a Dr Lucy Muir, yn dal i gasglu ffosiliau yn Castle Bank cyn amled ag sy'n bosib, ac mae'n debyg y bydd mwy o bethau newydd yn cael eu darganfod yn y blynyddoedd sydd i ddod, gan ddatgelu mwy o gyfrinachau'r gorffennol.

Dwi'n rhedeg i ddweud wrth fy mab.

'O,' mae e'n dweud, yn bell ei feddwl. 'Sai'n hoffi ffosils gymaint nawr.'

'O,' dwi'n ddweud, fy stumog yn suddo.

(Pam fod popeth yn gorfod newid?)

Falle bod e'n sylwi ar y siom ar fy wyneb achos y funud nesaf mae e'n dweud:

'Dwi'n dal yn hoffi nhw. Jyst bo fi'n hoffi pethau arall hefyd. Fel Ancient Egypt. A magic. Ti'n deall?'

'Wrth gwrs,' dwi'n ddweud, gan roi cwtsh fach iddo, gan wybod hefyd ein bod ni'n gadael Oes y Cerrig – o bosib, am byth.

Y Gerddores

Dwi wedi bod yn addo mynd â'r bechgyn at y Ganolfan Eifftaidd yn Abertawe ers sbel, a nawr, reit ar ddiwedd y gwyliau haf, rydyn ni'n mynd o'r diwedd.

Mae gen i apwyntiad deintydd yn ardal y dociau. Mae fy neintydd arferol yn poeni am fy *wisdom teeth*, ac felly wedi fy nghyfeirio at arbenigwr yn Abertawe.

(Y cyfieithiad am *wisdom teeth* ydi dannedd gofid, sy'n teimlo'n addas.)

'There's absolutely no issue at the moment,' mae'r arbenigwr yn ddweud, gan syllu'n fedrus i grombil fy ngheg.

Dwi wedi synnu.

(Mae gan y deintydd yn Aber ddawn i fod yn ddramatig, ac ro'n i'n disgwyl y gwaethaf – echdyniad gwaedlyd, lot o wlân cotwm, *paralysis*.)

Dwi'n gwneud synau mwmian positif o dan y golau gwyn.

Mae e'n tynnu'r menig glas.

'Let's let sleeping dogs lie. OK?'

Dwi'n nodio.

(Ond mae'r trosiad yn fy anesmwytho – dwi'n dychmygu fy nannedd fel rhes o Dobermans cysglyd tu ôl i'r bins mewn stryd gefn dywyll, yn barod i neidio...)

Beth bynnag, dwi ddim yn gorfod mynd dan anaesthetig a nawr mae e'n golygu bod llwyth o amser gyda ni i'w dreulio efo'r mymïaid.

Tan i fy mab ddechrau cymryd diddordeb, o'n i heb glywed am y Ganolfan Eifftaidd. Yn gartref i dros 5,000 o arteffactau, dyma'r casgliad mwyaf yng Nghymru. Mae'n adnodd ymchwil pwysig, yn ogystal â bod yn ffordd wych o ddenu'r cyhoedd i'r brifysgol.

Mae'r amgueddfa wedi'i lleoli reit yng nghanol y campws ac wrth i ni gyrraedd, mae'r nefoedd yn agor, gan dywallt yn ddidrugaredd i lawr ar ein pennau yn y maes parcio.

Wrth gerdded, dwi'n gweld rhywbeth yn pefrio ar y llawr gwlyb.

Gan blygu lawr, dwi'n codi eliffant bychan lliw arian – o fwclis neu freichled, siŵr o fod.

Dwi'n ei roi i fy mab hynaf.

'Dyma ti.'

Mae e'n edrych mewn rhyfeddod arno am eiliad, yn sgleinio yng nghledr ei law, cyn ei bocedu.

'Cym on,' mae e'n dweud. 'Fi isie gweld y mymi.'

★★★

Y pethau sy'n aros yn fy nghof ydi pa mor llachar ydi'r lliwiau.

Yn hytrach na'r tywod a'r *terracotta* disgwyliedig, mae popeth mor *fyw*.

Gwyrddlas, coch, obsidian.

Rhesi a rhesi o ddelwau bychan, fel byddin.

Crochenwaith.

Cath.

Maen nhw wedi rhannu'r adeilad yn ddwy ran: y llawr uchaf ydi'r 'House of the Living' a'r llawr gwaelod, wrth reswm, ydi'r 'House of the Dead'.

Dyna lle mae fy mab ishe mynd.

Ni'n gadael yr un bach efo'i dad lan stâr, yn chware efo pyramid Scooby Doo, ac yn cerdded i lawr y grisiau, heibio'r siop, a thrwy'r drysau i'r *necropolis*.

'Anubis!' meddai fy mab, gan bwyntio at y duw â'r pen ci.
'Ank!'
'Bast!'

Dwi'n ei ddilyn o bellter gan fwynhau sŵn fy nhraed ar y llawr pren.

Mae'r stafell yn heddychlon yn hytrach na *morbid*.

Yma eto, mae'r lliwiau'n sgleinio yn y goleuadau isel ac yn y stafell bellaf, mae'r *pièce de résistance*.

Y *sarcophagus*; mewn cas gwydr, nid yn annhebyg i'r sgerbwd yn Amgueddfa Ceredigion.

O bellter, mae'n edrych fel prosiect ysgol *papier mache* ond wrth blygu lawr, dwi'n gweld fod y manylion yn gywrain ac yn hardd.

A dwi'n ceisio dychmygu corff pwy fydde wedi bod ynddo ac yn meddwl wedyn lle mae'r corff hwnnw nawr.

(Yn yr Aifft, gobeithio, ond alla i ddim bod yn siŵr...)

Mae rhywbeth wedi'i sgwennu ar arwydd ger y cas a dwi'n pwyso ymlaen i'w ddarllen.

Mae'r blew ar fy mraich yn sythu.

Mae fy nghalon yn stopio am eiliad.

Nid *pharaoh*, nid gŵr bonheddig, nid offeiriad yw perchennog yr arch – ond *cerddores*.

'A female musician.'

Dwi'n gegrwth, yn fud.

What the fuck?

Dwi'n darllen eto, jyst i wneud yn siŵr.

Cerddores.

Chantress.

Yn berson o statws uchel, dim dowt (dim *open mics* i hon).

Ond cerddor ffycin benywaidd 'run fath!

Rhywun a fydde wedi *deall*.

Mae un o staff yr amgueddfa yn cerdded i mewn i'r stafell gan wenu arna i.

'Esgusodwch fi...'

Mae e'n dod yn nes.

'Ah, I see you've found our main event.'

'Yes,' dwi'n ateb. 'I... uh... I didn't expect her to be a musician.'

Mae e'n gwenu.

Mae gen i gymaint o gwestiynau mwyaf sydyn.

Oedden nhw'n canu? Yn y deml, dwi'n feddwl...

'Well...'

Mae'r dyn yn ansicr.

'No, I'd say it was more like, well, chanting.'

Oedden nhw'n chwarae offerynnau?

Mae e'n nodio.

'Harp-like things.'

Dwi'n chwerthin.

'That's perfect,' dwi'n dweud. 'Perfect.'

Mae e'n dechrau dweud wrtha i am symbolaeth adar *kiwi* yng nghyfnod yr Eifftiaid.

Ond dwi'n dal i feddwl amdani *hi*.

Y gerddores.

Tase hi yma, tase'r arch ddim yn wag, gallen ni fod wedi rhannu straeon am *soundchecks* ofnadwy a'r ffordd ryfedd 'na mae rhai dynion sain yn mynnu anelu eu cwestiynau at y dynion yn y band. Gallen ni fod wedi mynd yn *pissed* 'da'n gilydd, a chysuro'n gilydd, achos mae bod yn gerddorion, y ffordd annelwig hon o fyw, yn dal i deimlo'n fwy cyfforddus nag unrhyw beth arall, er fod e'n bwyta ni o'r tu fewn yn ara bach...

Ac wrth feddwl am y peth anweladwy hwn sy'n ein clymu

ni ar hyd y canrifoedd at ein gilydd, dwi'n penlinio wrth y cas, fy mysedd yn cyffwrdd â'r gwydr, fy nhalcen wedi'i wasgu yn gwbl anesboniadwy yn erbyn yr oerni a'r emosiwn yn corddi'n fy stumog.

Dwi'n aros fel hyn nes i fy mab ddod i fy 'nôl a chymryd fy llaw a'm harwain i edrych ar y masgiau hynafol.

Ac, yn dawel bach, mae'r swyn yn torri.

Manion

Medi
Oherwydd y glaw, mae'r mwyar duon yn hir iawn yn troi'n ddu. A chyn eu bod nhw wedi cael cyfle i aeddfedu'n iawn, mae'r tymor drosodd ac maen nhw'n dechrau pydru ar y drain. Yn draddodiadol, ti ddim fod i'w bwyta nhw wedi Gŵyl Fihangel achos bod y diafol wedi poeri arnyn nhw. O edrych ar y pethau crebachlyd, llwyd yn y llwyni eleni, mae hyn yn gwbl gredadwy.

A sôn am Fihangel...

Ar ôl yr holl law, piso a phoeri, ar ddechrau mis Medi, mae'r tywydd yn troi'n sydyn gan greu nosweithiau tesog, pinc sy'n ymestyn allan yn hirach nag amser gwely ac yn galw pawb yn y dref i lawr at y môr. Am gwpwl o ddyddiau, ni'n croesi i ryw fyd paralel lle mae pawb yn byw ar y traeth. Ac yn ddigon rhyfedd, dwi'n meddwl a oedd pobol yn gwneud hyn yn Oes y Cerrig ac os oedden nhw, tybed be oedden nhw'n fwyta?

Acwariwm
Mae twrist o Antwerp wedi cael ei chyhuddo gan lywodraeth Twrci o ddwyn arteffactau archeolegol. Mae Kim Mergits yn dweud mai mynd â'r cerrig – tair ohonyn nhw – er mwyn addurno'r acwariwm yn ei chartref wnaeth hi. Ond mae hi nawr yn wynebu carchar neu ddirwy lym. Dwi'n gwneud nodyn yn fy mhen i gofio'r stori hon y tro nesaf y byddaf yn cael ysfa i stwffio carreg yn fy mhoced ar draeth dramor.

Elizabeth

Mae fy ffrind Dyl yn hapus. Ar ôl sawl blwyddyn efo'r *metal detector* mae e, o'r diwedd, wedi ffeindio'i ddarn arian cyntaf o gyfnod Elizabeth y cyntaf.

Dwi'n gofyn iddo lle mae e'n cadw'r pethau mae e'n ffeindio.

'Jyst ar y silff,' mae e'n ateb.

Ond mae gan ei ffrind gabinet gwydr *bespoke*.

Mae e'n dangos llun arall i fi.

Rhywbeth sy'n edrych fel madarchen neu fesen.

'Top pin gwallt Rhufeinig, o bosib,' mae e'n dweud. 'Efydd.'

Mae e wedi clywed am fferm rhywle yn Sir Fôn sy'n berwi efo hanes Rhufeinig.

'Waw,' dwi'n dweud.

(Ond dwi'n amau ei fod e'n camgymryd hyn am *sarcasm*).

''Dan ni'n losers,' mae e'n dweud, 'ond ma'n cadw fi'n entertained eniwe.'

Hydref

Mae Bobi'r ci yn marw ym Mhortiwgal.

Balch

Dwi'n sefyll yn Eglwys Norwyaidd Caerdydd yn gwylio gig.

(Gynne, o'n i'n sefyll yn y gwynt a'r glaw, yn syllu dros y dŵr tuag at Benarth – y goleuadau'n aneglur drwy'r diferion – gan gofio'n fwyaf sydyn bod llwch Nan wedi'i wasgaru yno, jyst off topiau'r clogwyni. Ac yna'n meddwl, tybed ydi hi'n gallu fy ngweld i nawr, dan yr ymbarél annigonol yn smocio'r sigarét siomedig.)

Mae'r artist ifanc sy'n canu yn wych, ei chaneuon yn mynd i lefydd annisgwyl, a geiriau sy'n gwneud i mi fod isie symud i Baris a bod yn 19 eto.

Mae ei chariad yn sefyll drws nesaf i mi.

Dwi'n eithaf siŵr ei bod hi'n canu am *ex* – rhywun sydd wedi torri'i chalon – nid y boi yma.

A dwi'n cael fy nharo, fwyaf sydyn, gan ryfeddod y sefyllfa – o wylio dy bartner yn gwneud *hyn*.

Wrth i'r gân orffen, dwi'n dweud wrtho 'mod i'n meddwl ei bod hi'n wych. Mae e'n nodio, ei wên yn ymestyn i ochrau pellaf ei geg.

'Yeah!'

Ac wedyn, am ryw reswm, dwi'n gofyn:

'You proud?'

Ac mae e'n chwerthin, yn nodio, ac yn dweud eto.

'Yeah.'

Pla

Rydw i a fy mab hynaf yn cerdded adre o'r garej.

Mae'n pigo bwrw ac rydyn ni'n mwynhau cwmni ein gilydd: yn sgwrsio dan yr ymbarél lliw mwstard sy'n gomig o fawr.

Neithiwr, gath e freuddwyd gas: *fever dream* fi'n credu achos roedd e wedi bod yn teimlo'n eithaf sâl cyn mynd i'r gwely. Nawr, wrth i ni ddod heibio Eglwys Llanbadarn, mae e'n ailadrodd yr holl beth wrtha i, yn ddigon hamddenol.

Yn ei freuddwyd, roedd y stafell yn binc ac yn feddal fel rhywbeth o *Changing Rooms* yn y 00au, ac wrth ymbalfalu am rywbeth cadarn, roedd e'n gallu clywed llais heb gorff yn gweiddi ei enw mewn llafariaid hir, bloesg.

'God,' fi'n dweud, 'ma' hwnna'n ddychrynllyd.'

Mae e'n edrych yn eithaf plêst efo hyn.

'O'dd e yn.'

A'th e ddim i'r ysgol heddiw – rhy sâl – ond dwi wedi gorfod mynd i'r siop ac felly mae e'n gorfod dod efo fi trwy'r glaw.

Yn y garej, rydyn ni'n prynu llaeth, bananas, bara a chylchgrawn deinosoriaid am grocbris.

A nawr, rydyn ni'n dod 'nôl, ei fysedd bach yn crafangu am y cylchgrawn.

Yn sydyn, o'n blaenau ar y pafin, mae corff: yn ddu, yn sgleiniog, wedi cwrlo ar y tarmac gwlyb – bron fel lasys esgid neu'r rhai licris. Mae'n rhy fawr i fod yn fwydyn o unrhyw fath ac mae gwaelod ei fol yr un lliw â hufen. Neidr. Mae rhywbeth rhyfedd am ei gweld fan hyn, mewn golau dydd.

Mae fy mab yn stopio yn ei unfan.

'O!' mae e'n dweud a chyn 'mod i'n gallu ei stopio mae e wedi pigo'r corff bach i fyny.

'Gad hi lle ma' hi,' dwi'n dweud.

'Yw hi wedi marw?'

'Ydi…'

Mae e'n camu'n ôl.

'O,' ma fe'n dweud wedyn. 'Bydde fi'n hoffi 'se hi ddim wedi marw a bydde fi'n gallu mynd â hi adre a bwydo hi a cadw hi fel *pet* ac wedyn bydde hi'n tyfu yn *massive*.'

Dwi'n blerio ei wallt.

Mae e rili ishe anifail anwes.

Rydyn ni'n dal i gerdded, gan adael y beth bach ar y pafin.

Mae'r glaw wedi peidio rhywfaint a dwi'n cau'r ymbarél.

Wrth wneud, dwi'n sylwi ar y drain sy'n tyfu'n wyllt ar ochr y ffordd.

Mae'r dail yn wlyb.

Ac yna, mae'r ddau ohonon ni'n ei gweld ar yr un eiliad.

Buwch goch gota.

Ac un arall.

Ac un arall.

Mae'r dail yn berwi efo nhw: rhai wedi hanner gadael eu crysalisau llychlyd, rhai yn ddu ac yn goch efo smotiau mawr fel y bags Orla Kiely 'na oedd pawb yn hoffi rai blynyddoedd yn ôl, rhai yn oren (mae clychau larwm yn canu yn fy mhen pan dwi'n gweld y rhai yma a'r rhai melyn – *paid â chyffwrdd*.)

Maen nhw'n eithaf sinistr.

A dwi'n cofio nawr am rywbeth ddwedodd fy ffrind, Ffion, wrtha i rai wythnosau'n ôl.

'Ti'n cofio'r pla?'

'E?'

A dyma hi'n sôn am y pla o fuchod coch cota pan oedden ni tua pump oed; tua oed fy mab nawr.

Ro'n i wedi anghofio'n llwyr.

Ond wrth iddi siarad, ro'n i'n cofio.

'Ti'n cofio, o'n nhw hyd yn oed ar y traeth, yn y môr...'

Roedd hi'n cofio'u teimlo nhw yn erbyn ei chroen, eu cyrff bach nhw'n syfrdanol o galed...

Sŵn eu hadenydd nhw'n hofran, yn chwyrlïo, bron yn fecanyddol.

Niwl coch, smotiog.

Daeth delwedd i 'mhen: o gae'r ysgol, yn llawn o'r cyrff bach coch, dwylo bychain yn ymestyn tuag atyn nhw...

Mae fy mab yn fwy gwybodus na fi, wrth reswm.

'Y larfa ydi hwnna,' ma fe'n dweud gan bwyntio at y rhai du ar y dail.

'Sut ti'n gwybod?'

Mae e'n codi ei ysgwyddau.

'Jyst yn.'

Ni'n dal i gerdded, y ceir yn sblasio trwy'r dŵr ar ganol y lôn.

Dwi'n dechrau canu 'Ladybird Larva' yn llais David Bowie, jyst i weindio fe lan.

'Stop,' mae e'n dweud.

'OK, OK.'

Dwi'n taflu fy nwylo i'r awyr.

Rydyn ni'n dal i gerdded, yn troi nawr i fyny'r allt serth sy'n arwain at ein tŷ ni.

Mae ein traed ni'n creu rhythm bach pleserus ar y concrid a'r aroglau ar-ôl-glaw yn hongian yn drwm yn yr aer.

'Ah-Ladybird, Ladybird Larvaaaa.'

'STOP!' mae'n dweud gan fygu gwên.

Ond rhai munudau wedyn dwi'n ei glywed e'n canu 'Ladybird larva' o dan ei anadl.

'Ha,' dwi'n dweud.

'*Mam*,' mae e'n dweud, dan wenu.

***

Nes ymlaen, pan mae e'n cysgu, dwi'n penderfynu gwneud ychydig o ymchwil.

Dyw'r rhai oren ddim yn wenwynig i bobol, dwi'n darllen, ond mae'r stwff maen nhw'n eu cynhyrchu, yr *alkaloids*, yn gallu brifo rhai anifeiliaid.

Po fwyaf llachar yw'r lliw ar eu cefnau, mwya'n byd o wenwyn sydd yn eu cyrff.

(Felly, o'n i'n iawn, i ryw raddau, am y rhai oren.)

Yna, dwi'n chwilio am wybodaeth am y pla.

Doedd hyn ddim yn achos unigryw, o bell ffordd.

Yn 2018, roedd pobol yn sôn am y 'ladybird invasion'.

Y flwyddyn honno, roedd gan *LadBible* erthygl efo'r pennawd: 'Cannibalistic ladybirds riddled with STIs set to swarm UK homes.'

'God,' dwi'n meddwl, gan barhau i chwilio.

Ladybird swarm 1976…

Ladybird plague 1995…

'Honna 'di!' dwi'n meddwl, yn fuddugoliaethus.

Felly o'n i'n saith mlwydd oed.

Dwi'n dysgu mai'r enw ar bla o fuchod coch cota ydi 'a loveliness of ladybirds' – hyfrydwch?

(Neu, os ti ddim yn teimlo'n ddigon blodeuog: haid, trefedigaeth, clwstwr.)

Dwi'n meddwl eto am y cyrff bach sych 'na ar wyneb y dail, sŵn yr adenydd yn chwyrlïo fel awyrennau, a dwi'n gorfod cwestiynu pwy bynnag wnaeth benderfynu ar 'loveliness'.

Y peth nesaf dwi ishe gwybod ydi a yw haid yn arwydd o lwc dda?

Y consensws cyffredinol: ydi.

Mae rhai pobol yn credu y dylet ti gyfri smotiau'r fuwch fach sy'n glanio arnat ti – eu bod nhw'n cyfateb i faint o flynyddoedd o lwc dda ti'n mynd i'w gael.

Ond pwy sydd ag amser i wneud pethau felly?

Roedd gan fy nan stori am gael ei dal mewn cawod o frogaod.

Fel y rhan fwyaf o'r straeon amdani, mae'r manylion ychydig yn ddryslyd. Yr oll dwi'n ei wybod ydi iddi gael ei dal mewn cawod o law, a bod y glaw yn cynnwys brogaod byw.

Arwydd arall o lwc dda, siawns.

Ail-Law

Rhywbryd ar ddiwedd y nawdegau, fe werthodd fy nan siwt Armani i fy mam am £5.

Roedd hi'n gweithio yn siop elusen Muscular Dystrophy Aberystwyth ar y pryd a doedd yr enw Armani yn golygu dim byd iddi.

(Ond hyd yn oed tase hi'n arbenigo mewn ffasiwn Eidalaidd, dwi'n meddwl y byse hi'n dal wedi'i gwerthu am yr un pris.)

Un o fy hoff bethau i wneud oedd gweithio'n y siop efo Nan. Roedd wedi'i lleoli mewn hen arcêd siopa ar Stryd y Baddon, ddim yn bell o'r môr a gyferbyn â salon gwallt oedd efo'r hen sychwyr gwallt a phosteri o *perms* yn y ffenestri.

Roedd y lle'n *time warp* llwyr, hyd yn oed bryd hynny: y teils ar y llawr yn mynd yn ôl at gyfnod mwy llewyrchus yn hanes y dref, lle bydde'r lluoedd yn heidio i anadlu'r dŵr hallt ac i wario'u harian. 'Where there's health in the air and a friendly sun.' Bryd hynny, bydde'r arcêd wedi adleisio efo synau sodlau uchel, lleisiau, bwrlwm. Mae'r lle'n fwy tawel nawr, er bod yr ysbrydion yn dal i aros.

Prin bod y siop yn cyfri fel stafell, roedd hi mor fach; ond er gwaetha'r cyfyngiadau, bydde Nan a finnau wedi'n gwasgu i'r gornel ar bnawn dydd Sadwrn yn hapus ein byd.

Roedd Nan yn *extrovert* naturiol ac yn siarad yn braf efo pawb oedd yn dod i fewn trwy'r drysau. Fel rhywun fwy mewnblyg, bydden i'n rhyfeddu ati, ar ei gallu i siarad efo unrhyw un yn ei hacen Black Country – y llafariaid wedi'u meddalu rhywfaint gan gwrs o wersi *elocution* yn y tridegau, ond yn dal i swndio'n hudolus i mi.

(Trwy gydol ei bywyd, roedd hi wedi gweithio mewn siopau – yn gwerthu gemwaith ar hyd y *Midlands* efo'i gŵr, Sid. Roedd hi wedi gweithio mewn cyfres o gaffis Eidalaidd ym Mhenarth, lle symudodd hi ar ôl iddo fe farw a lle wnaeth hi hefyd agor siop hufen iâ am gyfnod; a nawr, a hithau'n ei saithdegau hwyr, y siop elusen – ei lle hapus hi.)

Roedd popeth yn rhad fel baw.

Y llyfrau, y dillad, a'r *bric-a-brac*.

O'r clybiau golff i'r peiriant gwneud *toasties* Breville, doedd 'na ddim byd yn costio mwy na £10.

Dwi'n cofio'r pleser o gymryd y pres, y balchder wrth agor y bocs metel (doedd dim til go iawn) a rhoi'r ceiniogau yn eu blychau cywir.

Bydde'r prynhawniau Sadwrn yn ymestyn allan yn un gadwyn o gwsmeriaid, gyda sŵn y gloch uwchben y drws yn datgan pob dyfodiad newydd a'r haul yn raddol suddo tua'r môr drwy'r ffenest. A dyna lle fydden ni'n dwy yn cloncian ac yn chwerthin yn ein cornel gysurus.

Roedd amrywiaeth eang o bobol yn croesi'r trothwy.

Pobol dros dro fel y myfyrwyr a'r twristiaid a phobol fwy parhaol.

Falle eu bod nhw'i gyd yn unig yn eu ffyrdd gwahanol eu hunain ond roedd rhywbeth democrataidd a saff am y siop.

O ganlyniad, fe ddysgais o oed ifanc bod modd edrych yn anhygoel mewn dillad ail-law.

Cyn fy mod i'n troi'n ddeuddeg, ro'n i wedi fy machu.

Ac mewn tref fel Aber, roedd digon o lefydd i fwydo'r *habit*.

Mae pobol yn hoff o ddweud bod llwyth o siopau elusen yn arwydd clir fod tref ar y *skids*. Ac er falle bod hynny'n wir, alla i ddim peidio â chuddio fy nghyffro pan fydda i'n cyrraedd tref ddiarth a gweld o fy mlaen, ochr yn ochr â'r holl siopau wedi'u bordio fyny, llwythi o siopau elusen. Mae trysorau cuddiedig i'w canfod mewn llefydd sy'n disgyn yn ddarnau, cyn belled â bod gan rywun yr awydd a'r amynedd i chwilio. Ond y tu hwnt i'r wefr o ffeindio bargen, falle bod pob siop elusen yn dod â chysur achos eu bod nhw'n f'atgoffa ohoni *hi*.

Dwi'n cofio'r cyfnod aur hwnnw, tua 2003, pan aeth rhai o'r myfyrwyr o Siapan adre o Aber am y gwyliau, gan roi llwythi o ddillad anhygoel i'r siop Sally Army – roedd un sgert, dwi'n ei chofio hi mor glir, efo hem rychiog, fel petalau, mewn rhyw fath o wlân magenta a llythrennau *kanji* ar y label. Dales i tua £2 amdani, dim mwy – ond roedd hi werth ffortiwn.

Peidiwch â 'nghamddeall, ro'n i'n caru New Look hefyd ond ro'n i wedi fy ysbrydoli'n llwyr gan y trend *boho* oedd yn ysgubo'r wlad, ac yn breuddwydio am fod fel Chloe Sevigny, Sofia Coppola, Charlotte Gainsbourg.

Whimsical, *arty*, bach yn Ffrensh.

A siopau elusen oedd fy mhorth i'r byd hwnnw.

'Nes i adael Aber, gan raddio o'r siopau elusen a dal y byg *vintage* (sydd jyst yn meddwl bod rhywun wedi prynu rhywbeth o siop ail-law a'i werthu ymlaen am grocbris.)

Yn Llundain, bydden i'n crwydro ardal Spitalfields a Brick Lane yn gwario fy mhres mewn emporiwms anferthol oedd yn arogli o lwydni a llwch.

Bydde Nan a Mam wedi'u siomi; talu £20 am hen grys-T tyllog, y gwrthwyneb i fargen.

('Nôl yn Aber, roedd Nan wedi stopio gweithio'n y siop, ei hiechyd yn dirywio, ond ro'n i'n bell, bell i ffwrdd, yn brysur yn creu persona newydd i mi fy hunan yn y metropolis.)

Dillad o'r chwedegau o'n i'n eu hoffi fwyaf, ac weithiau pethau o'r tridegau, er fod rheini'n ddrud.

Am gyfnod, fe weithiais mewn siop *vintage* yn y North Lanes yn Brighton, un o hoff siopau Susie Cave. Roedd y siop yn arbenigo mewn ffrogiau priodas, copïau perffaith o hen batrymau, mewn sidan ifori moethus fydde'n gwneud i rywun edrych fel Grace Kelly.

Roedd y lle yma'n fwy chwaethus na'r siopau ro'n i'n arfer mynd iddyn nhw. Roedd pob eitem wedi'u dewis yn gariadus gan y perchennog – dynes drwsiadus efo acen *cut-glass* i fatshio'i bob Mary Quant – a do'n i ddim yn gallu fforddio unrhyw beth, hyd yn oed efo fy niscownt.

'Nôl i'r siopau warws â fi, felly.

Ond dyma sy'n rhaid derbyn os wyt ti am wisgo dillad *vintage*.

Yn gyntaf, rhaid derbyn dy fod yn cael dy ecsbloetio gan rywun sy'n meddwl dy fod di'n *loser*.

Ac yn ail, rhaid derbyn yr aroglau.

Henaint, musgrelli, tristwch.

Achos does dim ots pa mor galed rwyt ti'n golchi'r dillad, mae'r aroglau'n aros.

Fel y marciau chwys melyn o dan y ceseiliau, y tyllau, y crychau rhyfedd yn y lledr.

Rwyt ti wedi talu am y fraint o gael arogli fel *sex offender*.

(Mae'r dillad mewn siop elusen, ar y llaw arall, wastad yn arogli'n ffyrnig o sebon a phowdwr golchi – wedi'u sgwrio'n drwyadl gan y gwirfoddolwyr cydwybodol.)

Mae Iwan yn casáu siopau *vintage*.

Mae unrhyw fath o siop hen bethau'n ei wneud e'n anghyffordddus ac ychydig bach yn drist.

Roedd yr hyn ro'n i'n ei weld fel gweithred arwrol – achub

pethau o'r domen sbwriel – yn eithaf *depressing* iddo fe.

Yn raddol 'nes i ddechrau cytuno.

Yn raddol 'nes i stopio ymweld â'r Oxfam ar Albany Road.

Falle mai ei diwedd hi oedd y gwyfynod.

Mae'n rhaid 'mod i wedi prynu rhywbeth heb edrych yn ddigon manwl.

Achos, funud nesaf, roedd ein tŷ ni'n llawn gwyfynod.

Yn siffrwd uwch ein pennau, yn brathu ffabrig ein bodolaeth.

Fe symudon ni o Gaerdydd, ac fe ddaeth y bastards efo ni.

Mothballs, lafant, llosgiadau defodol.

Ac maen nhw'n dal i fod yma.

Dwi'n breuddwydio amdanyn nhw.

Yn deor o'r carpedi.

Yn llusgo'u crysalis afiach i fyny'r waliau.

Yn gadael eu sachau bach gwag y tu ôl iddyn nhw.

Dwi'n rhoi'r gorau i ddillad ail-law yn llwyr.

(Mae'n amhosib i stwffio pâr o dits llaethog mewn i *shift dress*, beth bynnag. Pwy sydd â'r amser na'r amynedd?)

Dwi fel person newydd.

Ond, yn raddol, wrth i'r plant dyfu, mae fy nghorff yn dechrau setlo.

Ac mae hen arferion yn dechrau ailymddangos.

Mae'r 00au yn ôl mewn ffasiwn sy'n golygu (ynghyd â'r topiau Playboy, y *kilts* mini a'r hetiau Von Dutch) fod y saithdegau'n ôl mewn ffasiwn eto.

A dwi wedi archebu côt ledr.

(O siop ar-lein a dwi ddim am ddweud faint dales i amdani – dim ond 'mod i'n teimlo gwarth.)

Mae hi'n *wych* a dwi'n teimlo'n *wych* ynddi.

Mae fy mab hynaf hyd yn oed yn edmygu.

'Ti'n edrych fel *villain*,' mae e'n dweud.

(Dwi'n cymryd fod hyn yn beth da.)

Rhai dyddiau wedyn, dwi'n taro mewn i Mam yn dref ac mae hi'n syllu ar y gôt efo llygaid breuddwydiol, pell.

'Is that old? I had one exactly like it in the 70s...'

Tua awr wedyn, dwi'n cael tecst ganddi, isie gwbod o le ges i'r gôt.

'Just don't get it wet. I ruined mine in a rainstorm.'

A dwi'n meddwl am y siaced Armani sy'n hongian yn fy nghwpwrdd adre, heb ei gwisgo.

A be sy'n rhyfedd ydi, dwi' n gwbod ein bod ni'n dwy yn meddwl am Nan.

★★★

Trugareddau.

Bric a brac yn Saesneg.

Broc môr; yr hyn sy'n cael ei adael ar ôl y storm.

Pethau truenus, pethau sydd ychydig bach yn drist.

Pethau sy'n drewi.

Fel y trefi oedd unwaith yn llewyrchus, yn cau, yn cael eu bordio fyny, yn troi'n ysbrydion.

Dyna fydd ffawd y llyfr hwn hefyd, wrth gwrs: casglu llwch ar silff mewn cornel stafell, yn troi'n wyn yn raddol yn yr haul efo'r holl bethau eraill aeth mas o ffasiwn.

Ond mae ystyr arall i'r gair trugareddau yn does?

A falle, jyst falle, daw dydd lle bydd pâr o ddwylo yn estyn am y peth trist.

Yn ei droi, drosodd a trosodd, rhwng bysedd a bawd, i gael golwg well arno yng ngolau'r bore.

A llais yn dweud:

'Hon, plis.'

A'r un dwylo wedyn yn cyfri'r punnoedd yn ofalus a'u rhoi i'r ferch fach sy'n eistedd wrth y cownter efo'i nan, mewn siop fach sy'n wynebu'r môr.

Demos a DNA

Er gwaetha'r holl bethau dwi wedi eu sgwennu hyd yma, mae dadl gref dros beidio mynd i dyrchu am bopeth.

Dyw popeth ddim angen gweld golau dydd.

Dwi'n teimlo'n angerddol dros hynny.

Fel y cleddyf 3,000 oed *creepy* maen nhw newydd ddatgladdu yn yr Almaen...

Neu fel rhieni biolegol fy nain.

Cafodd Nan ei mabwysiadu pan oedd hi'n ddwy oed. Roedd hi tua'r un oed yn union â fy mab fengaf nawr, sy'n gwneud yr holl beth mor fyw rhywsut.

(Mae peth o'i hysbryd yn ei lygaid e hefyd ac felly am y tro cyntaf alla i ei gweld hi'n glir, yn sefyll yn ei chôt fechan ar drothwy'r drws, yn symud ei phwysau o un goes i'r llall, yn aros i rywun afael yn ei llaw a'i harwain at ei bywyd newydd.)

Roedd ei theulu newydd wrth eu boddau efo hi, yn ei charu hi gymaint, a hithau'n eu caru nhw. Am gyfnod ar y dechrau, roedd hi'n dal i weld ei mam go iawn. Ond un diwrnod, daeth y cyfarfodydd i ben a wnaeth hi erioed ei gweld hi eto. Dwi'n hanner cofio rhyw fanylion am ail briodas, am bartner newydd ond mae e'n niwlog braidd. Beth bynnag, mae'r stori yn mynd fel hyn: peth amser ar ôl i Nan a'i theulu newydd symud i ardal newydd, ymddangosodd milwr o Ganada ar yr hen stryd, yn holi amdanynt. Pan ddywedodd y cymdogion wrtho eu bod wedi symud, fe ddiflannodd e, a dyna ddiwedd y stori.

Rydyn ni'n hoffi meddwl, Mam a finnau, mai tad go iawn Nan oedd y milwr a'i fod e'n chwilio amdani achos mae'r syniad yn rhamantus, nag yw e? Y ffilm berffaith wedi'i lleoli yn Bloxwich. Yn fy mhen, mae'r milwr yn cael ei chwarae gan Timothée Chalamet.

Ond falle jyst rhyw ddyn oedd e.

Er fy mod i'n teimlo weithiau y byse fe'n neis i gael atebion, profion DNA, ffeindio canghennau newydd o'r goeden deulu yng Nghanada, dwi hefyd yn meddwl: os oedd Nan yn hapus i beidio gwybod, ac iddi *ddewis* peidio gwybod am 93 o flynyddoedd, dyw e ddim yn iawn fy mod i'n mynd i gloddio heb ei chaniatâd hi, nag yw e?

Gad nhw lle maen nhw.

Ti ddim angen gwybod bob dim.

Alli di ddim.

Dwi'n teimlo'r un ffordd am albyms sy'n cael eu rhyddhau pan mae cerddorion yn marw.

Mewn ymgais i fwydo'r bwystfil 'Cynnwys Newydd', rydyn ni'n blaenoriaethu pethau prin fwy nag erioed o'r blaen. Os yw cerddor yn marw, rhaid chwilota trwy bob twll a chornel o'i orffennol am unrhyw sgrap, unrhyw ddemo neu B-side; *unrhyw beth* sy'n gallu rhoi mwy ohono i ni.

Rydyn ni'n rheibus.

Bore 'ma dwi'n darllen bod albym Sparklehorse newydd yn mynd i gael ei ryddhau: y casgliad cyntaf o ganeuon newydd ers marwolaeth y prif leisydd Mark Linkous yn 2010 – o'r sesiwn olaf wnaeth e efo Steve Albini.

Dwi'n treulio amser hir yn meddwl am *ethics* yr holl beth.

(O'n i'n teimlo'r un peth rai blynyddoedd 'nôl pan naethon nhw ryddhau albym o ddemos Amy Winehouse â'r teitl *Lioness: Hidden Treasures*. Roedd e'n teimlo'n rong, rhywsut.)

Ond falle mai fi sy'n methu deall.

Fydden i ddim moyn i unrhyw un ryddhau fy ngherddoriaeth ar ôl i mi farw.

Dyna'r peth wedi nodi yn blwmp ac yn blaen ar ddu a gwyn.

(Go brin y bydde rhywun yn trio gwneud ond jyst rhag ofn. Alli di ddim trystio neb…)

Mae 'na rywbeth am bethau ar eu hanner na ddylen ni ymyrryd â nhw.

Doedd y caneuon ddim yn barod.

Doedd *hi* ddim yn barod.

Ac mae rhywbeth sanctaidd yn y weithred o rywun yn penderfynu bod y peth maen nhw wedi'i wneud yn barod.

(Nid yn berffaith, ond yn barod.)

Yr ildio terfynol.

Yr artist sy'n cael dewis pryd i wneud, dwi'n meddwl.

Neb arall.

Mae 7 o albyms Tupac wedi eu rhyddhau ers ei farwolaeth e.

Mae casgliad newydd o draciau sesiwn Prince yn dod mas eleni hefyd.

Wrth edrych 'mlaen at y peth, aeth gwefan Pitchfork i siarad efo peiriannydd hirdymor y cerddor, Peggy McCreary.

Mae ei hanes hi'n anhygoel. Roedd hi'n gweini byrddau yn y Roxy Theatre ar y Sunset Strip, lle'r oedd hi'n aml yn gweini cerddorion enwog. Ar ôl dwy flynedd, dyma hi'n dechrau cwestiynu ei llwybr, gan benderfynu mynd i weithio mewn stiwdios. Dechreuodd fynychu dosbarthiadau nos a helpu'r peirianwyr i osod ceblau, microffonau, unrhyw beth cyn iddi ddod yn *gopher* yn stiwdio Sunset Sound, y ddynes gyntaf i weithio yno. Roedd Peggy'n amau eu bod nhw wedi rhoi'r swydd iddi fel jôc ond roedd hi'n deall yn iawn sut i chwarae'r gêm.

Roedd hi'n dda yn ei gwaith, yn dda ofnadwy.

Ac wedyn, un diwrnod, dyma lwybr ei bywyd hi'n gwrthdaro efo Prince Rogers Nelson.

Galwa fe'n alcemi, cemeg, hud a lledrith neu beth bynnag ond gyda'i gilydd, roedd rhywbeth yn gwneud synnwyr.

O ddyfnderoedd y Sunset Sound, fe weithion nhw ar *1999*, *Purple Rain*, *Parade*.

Perffeithydd oedd e, yn ôl Peggy.

(*No shit.*)

Dwi'n joio'r rhan isod o'r cyfweliad yn fawr, ond mae'n gwneud i mi feddwl dipyn.

Throughout his life, Prince was extremely protective over his vault of unreleased material, which we now know is incredibly vast. How do you think he would feel about a compilation like this coming out after his death?

I'm sure he would have an opinion! I don't think he would have appreciated his song being used in a commercial. But he's not here. He should have left a will of what he wanted.'

A dwi'n cofio rhywbeth arall nawr, nad yr artist yw gwerthuswr gorau ei waith ei hunan. Gad i bethau fynd. Gad nhw'n rhydd, wir dduw, gan ddeall y bydd rhywbeth ynddyn nhw sy'n werthfawr i berson arall, hyd yn oed os nag wyt ti'n gweld y gwerth; hyd yn oed os yw e'n bwydo'r gyfalafiaeth ffyrnig sy'n mynnu rheoli artistiaid, hyd yn oed o du hwnt i'r bedd.

Wrth ddisgrifio'r broses o ddewis a dethol y traciau ar gyfer y casgliad Sparklehorse, mae brawd Mark Linkous yn dweud:

'It's difficult making a choice about someone else's art, even if you've known them all your life. We had long conversations about not wanting to take this into a different direction. We wanted to bring out what was there.'

Roedd chwaer yng nghyfraith Mark, Melissa, yn rhan o'r broses hefyd ac mae hi'n disgrifio'r peth bron fel *séance* neu fel rhywun yn trio ffeindio dŵr efo dwy ffon bren.

'It was as though the songs let you know. Mark communicated these songs. We just did our best to transmit them.'

Dwi'n gweld nawr mai gweithred o gariad yw hi, o ddefosiwn, o drio dod â'r person yn ôl, i glywed eu llais a'u hysbryd nhw, i fod efo nhw eto.

A falle bod Nan yn breuddwydio am ei mam go iawn.

Ac ar yr un pryd, roedd hi'n caru ei mam newydd, hefyd.

A falle ei bod hi'n meddwl am y dyn dirgel o Ganada, yn gadael i'w meddwl grwydro tra hefyd yn deall nad dyna'r llwybr i hapusrwydd.

Does gen i ddim ateb fan hyn, hyd yn oed wrth sgwennu'r peth, dwi ddim yn siŵr sut i deimlo.

Pan mae'r person wedi mynd, allwn ni ddim gofyn.

Alla i ddim dweud: 'Hey Nan, shall I go and find out who your Dad was? See what happened to your Mom?'

Ac alla i ddim gofyn i Mark Linkous a yw e'n hapus 'mod i'n clywed y caneuon 'ma.

Dim ond droston ni'n hunain allwn ni fod yn gyfrifol, yn y pen draw.

I drio gwneud y peth iawn, am wn i?

Dwi ddim yn siŵr eto a fydda i'n gwrando.

Cawn weld.

Y Cigydd Coch

Dwi wastad wedi meddwl am fy hunan fel tipyn o adaregydd... sy'n ffordd hunanbwysig o ddweud 'mod i'n caru adar.

Ro'n i'n aelod o glwb ieuenctid yr YOC (neu'r Young Ornithologists' Club) ac wrth fy modd yn cael mynd efo fy ffrind Megan i ganolfan Ynys Hir ar ddyddiau Sadwrn.

Mae'r lle yn fendigedig: yn llawn coed derw hynafol, mwsogl ac aroglau'r heli o'r foryd.

Ac, wrth gwrs, yr adar.

Cymaint o adar.

Roedd tad Megan yn *twitcher* go iawn ac er nad o'n i'n gwirioni ar y *cagoules* a'r cyfarpar, roedd ysbryd y peth yn gwneud llawer o synnwyr i mi.

Dros y blynyddoedd, heb drio bron, fe ddysgais enwau'r adar, eu lliwiau a'u caneuon.

Ac yn 21 oed fe gymerais y cam naturiol nesaf: cael tatŵ o aderyn ar fy mraich.

Ro'n i'n byw yn Llundain ar y pryd, yn gwerthu tocynnau rhad i sioeau'r West End o focs bach yng ngorsaf diwb Leicester Square, felly roedd unrhyw gyfle i amsugno bach o olau dydd ac anadlu rhywfaint o aer ffres yn wyrthiol. Mae'n siŵr fod yr hunan-werth isel oedd gen i ar y pryd – wedi i'r cariad diwethaf dorri fy nghalon yn ddidrugaredd – wedi chwarae rhan yn y penderfyniad hefyd.

Roedd ffrind wedi dweud wrtha i am le bach yn Soho, y lle gore, meddai e, ar gyfer cael tatŵs. Doedd dim rheswm ganddo i ddweud celwydd wrtha i. Felly i fyny Frith Street â fi, heibio'r *sex shops* a'r caffis, heb apwyntiad, heb fawr o syniad be yn union o'n i'n mynd i'w wneud na dweud, dim ond gweld sut fydde pethau'n datblygu a mynd o fynna.

Digwydd bod, roedd rhywun wedi canslo funud olaf.

O'i sedd y tu ôl i'r cownter, syllodd y dyn arna i heb fawr o ddiddordeb.

'Whatcha want?'

Atebais heb feddwl.

'Bird.'

Fel mellten, dyma fe'n estyn llyfr adar o du ôl i'r ddesg gan ei osod ar y cownter.

Heb fawr o egni, dechreuodd fflicio drwy'r tudalennau gan ysgwyd ei ben a mwmblo.

'Nope... nope...'

O'r diwedd, tua hanner ffordd drwy'r llyfr, stopiodd, gan bwyntio at aderyn bach digon di-nod.

'I could do that one?'

Crychais fy nhalcen.

'It's a bit...'

(O'n i'n gyndyn o ddweud diflas ond *god*, roedd e'n ddiflas, bechod.)

'I could change the colours,' meddai'r dyn. 'Make it a bit more vibrant.'

Dechreuais feddalu, a gofyn iddo pa fath o aderyn oedd e.

Craffodd ar yr ysgrifen.

'Shrike? Shriek? Am I saying that right?'

Tasen i'n gwybod yr enw Cymraeg, fydden i ddim wedi cael gymaint o sioc yn hwyrach 'mlaen.

Ond do'n i ddim yn gwybod yr enw Cymraeg; roedd tyllau yn fy ngwybodaeth ac ro'n i mewn mŵd byrbwyll.

Felly nodiais fy mhen i ddangos 'mod i'n wybodus iawn am y pethau 'ma.

'Shrike,' meddais. 'Let's do it.'

Dwi'n eithaf siŵr bod y boi yn meddwl 'mod i'n nob llwyr achos dyma fe'n fy hel i'r caffi drws nesaf i gael rhywbeth melys er mwyn cael siwgr yn fy system fel 'mod i ddim yn llewygu yn y gadair.

Tua chwarter awr yn ddiweddarach, i gyfeiliant mwmian isel y nodwydd (sy'n teimlo ychydig bach fel rhywun yn trio crafu dy groen yn ara bach i gyrraedd yr asgwrn…) daethom i adnabod ein gilydd.

Roedd e'n dod o Sheffield; wedi gwneud tatŵs i'w deulu cyfan gan gynnwys ei fam ond doedd ganddo ddim rhai ei hunan.

Gofynnais iddo a fydde fe byth yn gwrthod rhoi tatŵ i rywun.

Nodiodd.

Tase rhywun yn dod ato wedi profedigaeth ddiweddar ac yn gofyn am lun o'r person neu'r anifail sydd wedi marw.

'You'd say no?'

Nodiodd ei ben eto.

'Definitely.'

'Why?'

'Because it's too raw. And when emotions are raw, people do things they might regret. They need to process the loss before they get the tattoo.'

(Am eiliad, gwelais wyneb y cariad colledig yn fy meddwl, cyn ei wthio o'r neilltu.)

O'r diwedd, oriau wedyn, roedd gen i aderyn bach ar fy mraich. Roedd e'n wirioneddol hardd ac ro'n i'n teimlo'n reit emosiynol ac yn ddiolchgar, rhywsut.

Lapiodd y dyn fy mraich mewn cling ffilm fel darn o ham a fy ngyrru oddi yno.

Parodd y teimlad da drwy'r prynhawn er gwaetha'r boen.

Treuliais gwpwl o oriau'n anfon lluniau at bobol.

Ond rhai oriau'n ddiweddarach, darganfyddais y gwirionedd am y creadur ar fy mraich.

Yn amlwg, do'n i ddim yn adaregydd go iawn.

Ddim o *gwbl*.

Achos ces fy arswydo gan yr hyn ro'n i'n ei ddarllen.

Shrike: cigydd coch yn Gymraeg.

Bastard bach milain sy'n hongian ei brae ar ddrain fel rhyw fath o bantri *macabre*.

Pryfed, brogaod, weithiau llygod; *fair game*.

Mae e'n cael ei wawdio gan adar eraill achos eu bod nhw'n meddwl ei fod e'n mynd yn rhy bell.

Iesu Grist, meddyliais, gan syllu eto ar y creadur bach lliwgar ar fy mraich.

Ar fy nghroen am byth fel rhyw symbol sinistr.

Yn felyn ac yn las, yn erbyn ei natur.

Ac eto, allwn i ddim peidio ei hoffi.

***

Heddiw, dwi'n gweld pennawd – 'UK bird numbers continue to crash' – sy'n dweud fod 48% o rywogaethau wedi gostwng yn sylweddol rhwng 2015 a 2020. Yr adar mewn coedwigoedd sy'n dangos y cwymp mwyaf.

Mae rhywbeth yn gwneud i mi wirio niferoedd y cigydd.

Mae dau fath gwahanol.

Y cigydd llwyd: y mwyaf o'r adar Ewropeaidd efo masg du a phlu llwyd nodweddiadol.

Ar y map, dwi'n gweld fod y rhain yn dod i ardal Ynys

Hir dros y gaeaf cyn hedfan yn ôl i'r meysydd bridio yn Sgandinafia.

Mae'r cigydd coch ychydig yn llai. Mae gan y gwryw ben llwydlas, masg du a phig du crwm. Maen nhw'n hoff o glwydo ar weiars teliffon, pyst ac ar dop llwyni er mwyn sgowtio'u prae.

Ond nid yr enw yn unig sy'n goch.

Mae cyn lleied ohonyn nhw yn y DU erbyn hyn (ar eu ffordd i ddifodiant llwyr) nes eu bod nhw bellach ar y *Red List* ac wedi'u rhestru fel rhywogaeth *Schedule 1* o dan y ddeddf bywyd gwyllt a chefn gwlad. Yr unig ffordd o weld yr adar yng Nghymru ydi drwy gael cip ohonyn nhw pan maen nhw ar eu ffordd i lefydd eraill yn ystod y gwanwyn a'r hydref.

Yn pasio trwyddo yn unig, ddim yn aros.

Mwyaf sydyn, mae'r creadur bach ar fy mraich sy'n glynu i ddarn o weiren deliffon fel rhywbeth allan o gân Glen Campbell, ei liwiau'n wannach nag oedden nhw 13 mlynedd yn ôl, yn teimlo fel symbol gwahanol iawn.

Ysbryd

Trwy gydol fy mhlentyndod, roedd *campervan* gan fy rhieni.

Cyfres ohonyn nhw a dweud y gwir achos bod VWs yn tueddu i fynd tan eu bod nhw'n methu mynd ymhellach – eu gwaelodion yn sigo, eu perfeddion yn crebachu ac yn troi'n goch gyda rhwd.

Ymhell cyn i mi gael fy ngeni, roedd Dad wedi treulio degawdau ar y môr yn y llynges fasnachol, ond yna dychwelodd i dir sych i weithio i'r gwasanaeth prawf. Dwi'n meddwl falle bod cael fan yn rhoi cyfle iddo fe gadw'r ysbryd anturus yn fyw yng nghanol y cyfarfodydd a'r gwaith papur diddiwedd.

(Ganddo fe dwi wedi cael y *wanderlust* cronig, dwi'n siŵr.)

Beth bynnag. Yn gyntaf daeth yr un frown o'r chwedegau. Dwi ddim yn cofio'r un yma achos 'mod i'n fabi ar y pryd, ond dwi wedi gweld lluniau ac yn gwybod 'mod i wedi bod ynddi. Roedd hi'n edrych yn union fel mae *campervans* VW i fod i edrych. *Retro*, *surfy*, ei hochrau'n grwn…

Wedyn daeth yr un oren, *leisuredrive*, a dyma'r un sy'n bwysig i'r stori hon. Roedd hi'n llai deniadol na'r un arall, ei hochrau wedi'u sgwario rywfaint, ond yn dal yn VW, gyda lle yn y to i rywun gysgu, digon o gypyrddau, a llenni melfedaidd lliw gwin. Roedd modd rhoi'r sedd gefn i lawr hefyd i greu gwely dwbl arall, ac felly roedd hi'n siwtio'n berffaith.

Un haf, pan ro'n i tua wyth oed, fe yrron ni lawr i Plymouth, hwylio draw ar y fferi i Santander, ac wedyn cychwyn ar y daith hir i lawr trwy ogledd Sbaen, dros y ffin i Bortiwgal, a lawr, lawr, trwy'r mynyddoedd, nes cyrraedd yr Algarve, lle bydden ni'n aros am wythnos ar faes gwersylla digon braf dan y coed yn Lagos.

Yn aml, bydden ni'n gyrru trwy'r dydd tan fod Dad yn blino ar y lôn ac yn ffeindio lle i gysgu.

(Erbyn heddiw, bydde'r holl beth yn cael ei weld yn reit cŵl – *wild camping*, jyst y peth i roi ar Instagram i wneud i bobol feddwl fod dy fywyd yn berffaith. Ond mewn gwirionedd, roedd yr holl beth yn gallu bod yn eithaf poenus.)

Mae sawl peth yn aros yn y cof. Yr heddlu'n ein deffro yng nghanol y nos pan roedden ni wedi gwersylla ar ochr y lôn gan guro ar y ffenestri a'n dallu gyda'u tortshis. Ro'n nhw'n mynnu siarad efo ni mewn Almaeneg, oherwydd yr VW mae'n siŵr. Yn y diwedd, fe adawon nhw ni i gysgu ond daeth dau blismon yn ôl efo gynnau y bore wedyn a mynnu bod rhaid i ni symud.

Dro arall, torrodd y fan i lawr ar ganol lôn anghysbell, rhywle ger ffin Sbaen, yr aer yn plygu yn y gwres dychrynllyd a fflamau tanau gwyllt yn y pellter yn llyncu'r coedwigoedd a'r llwyni yn ddim o flaen ein llygaid. Gan adael Dad ar ei liniau ar y ffordd lychlyd, ei ben yn ei ddwylo, aeth Mam a finnau i drio ffeindio help; o'r diwedd, daeth car heibio, gan fynd â ni i'r garej agosaf.

A phwy all anghofio'r diwrnod hwnnw pan fethodd yr handbrec yn Castelo Branco – y fan wedi'i pharcio ar dop allt serth, a ninnau i lawr yn y dre'n bwyta cinio? Daethom yn ôl a chanfod torf o bobol wedi ymgynnull yn bryderus o gwmpas ein fan, oedd wedi llithro lawr yr allt gan daro cefn car arall. Cawsom ein hebrwng yn ddiseremoni i'r orsaf heddlu agosaf, yn dawel ac yn benisel, yn falch fod neb wedi brifo. Wrth i'n fan ddilyn y car heddlu ar hyd lonydd y dref tua'r orsaf, dwi'n cofio edrych drwy'r ffenest a gweld grŵp o leianod yn ein gwylio o fynedfa lleiandy, yn ysgwyd eu pennau ar ein *convoy* gwarthus. Yn yr orsaf, craffodd y sarjant ar Dad yn wawdlyd ar draws y ddesg. Falle 'mod i wedi dychmygu hyn, ond roedd ei sgidiau lledr ar y bwrdd, yn *macho* i gyd. Dwi'n cofio crio, yn siŵr bod Dad yn mynd i gael ei daflu i'r carchar. Ond roedd popeth yn iawn yn y diwedd. Fe ddaeth y swyddog prawf drwyddi.

Falle oherwydd yr episodau hyn, fe benderfynodd fy rhieni y dylem ni drio lynu at feysydd gwersylla swyddogol. Fel rhywun sydd wastad wedi parchu rheolau, ro'n i wedi cael digon ar y plismyn. Felly ymlaen â ni trwy ranbarth gogleddol Portiwgal. Roedd hi'n tywyllu'n gyflym a ninnau'n ymlwybro ar hyd ffyrdd mynyddig, gyda dim ond golau ambell gysegr bach ar ochr y lôn i oleuo'r ffordd. Dwi'n cofio rhythu trwy'r ffenest gefn ar y coed ewcalyptws yn ymestyn i'r sêr, yr awyr yn borffor, rhyw dawelwch hudolus yn gorchuddio'r cyfan fel blanced, a'r fan oren yn mwmian yn hapus ar hyd y lôn gyda'r detholiad cyfyngedig o dapiau casét Paul Simon a James Taylor yn gwmni.

O'r diwedd, fe welon ni arwydd am faes gwersylla a chymryd y troad nesaf i'r chwith gan gyrraedd cae agored ar ochr y mynydd, gyda dim ond un goeden fach gnotiog i'n cadw ni rhag y dibyn i'r dyffryn islaw. Oddi tanom, pefriai goleuadau'r pentref fel pryfed tân.

Daeth perchennog y maes gwersylla atom ni gan esbonio lle roedd y toiledau a'r cawodydd. Roedd hi ar ei ffordd adre, meddai, ond byddai hi'n dychwelyd yn y bore i gasglu'r arian.

'Boa noite,' meddai.

Fe ddywedon ni nos da a gwylio ei char yn diflannu i'r gwyll.

Roedden ni ar ein pennau ein hunain, yn y cae mawr gwag.

O'r pentref yn y dyffryn islaw, daeth synau pell rhyw ddathliad: lleisiau, cerddoriaeth. Er ein bod ni'n rhy bell i'w clywed yn iawn, roedden nhw'n dod â chysur; braf oedd gwybod bod rhywrai yn rhywle yn cael hwyl. Gan deimlo'n falch o fod wedi ffeindio rhywle i gysgu am y noson, dyma ni'n paratoi'r gwely a setlo.

Fel arfer, bydden i'n dringo ar ben y cypyrddau er mwyn cyrraedd fy ngwely bach yn y to. Ond am ryw reswm y noson honno, ro'n i eisiau cysgu ar lawr gyda fy rhieni ac felly, gyda'r tri ohonom wedi'n gwasgu fel sardîns i'r gwely dwbl ar y gwaelod, fe lithron ni tua chwsg.

***

Fe ddeffrais yn y tywyllwch.

I ddechrau, do'n i ddim yn cofio ble o'n i.

Ond yn raddol fe gofiais, a gorwedd yno wedyn, fy llygaid yn lled-agored, heb ddeall pam 'mod wedi deffro.

Gwrandais ar sŵn anadlu Mam ar fy ochr chwith, Dad ar y dde, ac ar sŵn fy anadl fy hun yn codi a gostwng yn fy mrest.

Ac yna, bron i mi dagu achos o'r tywyllwch uwch fy mhen, o'r to, roedd sŵn rhywun arall yn anadlu.

Eisteddais i fyny.

Gan ddal fy anadl, gwrandewais eto ar y sŵn, yn sicr 'mod i wedi drysu.

Ond na, roedd e yno: yr anadlu estron hwn, ar wahân i anadlu fy rhieni.

Pwniais ysgwydd Mam nes iddi ddeffro.

'Mae rhywun yn y fan.'

'Be?'

'Gwranda,' sibrydais. 'Anadlu. Rhywun arall. Lan y top.'

Dywedodd Mam wrtha i gallio gan ddweud mai Dad oedd yn chwyrnu.

'Na, *Gwranda*.'

Daeth tawelwch wrth iddi hithau ddal ei hanadl hefyd.

Uwch ein pennau, clywsom y sŵn.

Yn ddynol ac yn drist, bron fel rhywun yn ochneidio.

Ond ar ben hynny, y tu hwnt i'r sŵn, roedd 'na deimlad yn y fan hefyd, presenoldeb diarth a newydd.

Ysgwyddodd Mam gorff Dad i'w ddeffro.

Doedd e ddim yn hapus.

Am y trydydd tro, gwnaed y ddefod: o ddal anadl, o wrando.

Roedd tawelwch llethol Dad yn cadarnhau ei fod e'n ei glywed e hefyd.

Fe orweddon ni yn y tywyllwch, yn un uned, mewn penbleth llwyr, yn gwrando.

Chynigiodd neb i droi'r golau 'mlaen na mynd i archwilio'r bync.

Am ein bod ni'n ofnus?

Falle.

Ond eto, dwi ddim yn meddwl ein bod ni.

Doedd e ddim yn frawychus, yr anadlu hwn.

A doedd e ddim yn ymyrryd chwaith.

Roedd e fel gwestai, yn chwilio am loches am y noson. Dyna'r unig ffordd alla i ddisgrifio'r peth.

Ac ar ôl peth amser, fe dderbynion ni ei fod e yno gyda ni ac aethom yn ôl i gysgu.

***

Y bore wedyn, fe ddeffron ni, ychydig yn ddryslyd, yn ansicr a oedden ni wedi breuddwydio'r cyfan.

Yng ngoleuni'r bore, roedd yr holl beth yn teimlo ychydig bach yn wirion.

Pan ddaeth hi'n amser i wisgo fe wnes i be fydden i'n gwneud bob bore: sefyll ar ben y cypyrddau er mwyn gwthio fy mhen at y to lle roedd 'na silff ar gyfer storio'n dillad gyferbyn â'r ardal gysgu, gyda phob dilledyn wedi'u plygu'n daclus ar gyfer yr wythnosau nesaf.

Wrth wthio fy mhen drwy'r gwagle yn y canol, bron i mi sgrechian.

Yn lle'r pentyrrau taclus, arferol, roedd yr holl ddillad ar draws ei gilydd bob sut, ac ambell ddilledyn wedi'u taflu i'r bync gyferbyn; yn union fel tase rhywun wedi bod yn twrio drwyddyn nhw, yn gwbl orffwyll.

Roedd e'n anrhefn llwyr.

'Mam...'

Gwthiodd ei phen drwy'r gap.

Rhegodd.

Taerais nad fi wnaeth.

Ond roedd *rhywbeth* wedi'i achosi.

O'n i'n gwybod yn yr eiliad honno ein bod ni i gyd yn meddwl am yr anadlu: yr ochneidio trist a llethol oedd wedi llenwi'r tywyllwch.

Wrth gwrs, mae rheswm yn tueddu i ennill yn y pen draw. A chyn hir, roedden ni'n dechrau amau fod rhywun *pissed* o'r pentref wedi glanio yn y fan, gan wneud llanast o bethe wrth fynd i gysgu a gadael cyn y wawr.

Annhebygol, ie; ond yn dal yn fwy credadwy na'r esboniad arall.

O'r diwedd, parciodd car coch tu allan: y perchennog wedi dod i gasglu'r arian.

Wrth roi'r *escudos* iddi, gofynnodd Mam a oedd rhywbeth yn digwydd yn y pentref neithiwr.

Nodiodd y ddynes a gwenu.

Gŵyl, meddai hi. Ar gyfer y rhai sydd wedi marw, i'w croesawu nhw'n ôl.

★★★

Yn y llyfr hwn, mae'n deg i ddweud bod gen i ychydig bach o obsesiwn efo'r pethau sy'n cael eu gadael ar ôl.

Mae ysbrydion yn olion o fath arall, am wn i, a dwi'n credu ynddyn nhw cymaint â dwi'n credu mewn syrthio mewn cariad ar yr olwg gyntaf.

Yn 1838, awgrymodd y mathemategydd Charles Babbage bod geiriau, wrth gael eu llefaru, yn gwneud marc parhaol ar y byd.

'The air,' meddai, 'is a vast library, on whose pages are forever written all that a man has ever said or a woman whispered.'

Roedd y llais dynol, yn ôl Babbage, yn cael ei recordio a'i storio yng ngronynnau'r aer am byth bythoedd ond mewn ffordd oedd, ar y cyfan, yn anghlywadwy i'r rhan fwyaf o bobol.

Yn y 1930au, ysgrifennodd yr athronydd a'r paraseicolegydd, H. H. Price o Gastell-nedd, am y syniad o 'atgofion lle'. Awgrymodd y gellid esbonio ysbrydion trwy feddwl amdanynt fel atgofion: darluniau oedd rhywsut wedi mynd ar goll o feddwl yr unigolyn ac yn glynu wedyn at bethau a llefydd mewn modd a fydde'n caniatáu i unigolion eraill eu synhwyro, falle ymhell yn y dyfodol.

Fel rhan o'i theori, datblygodd Price y syniad o 'psychic

ether' – rhyw gyfrwng niwlog rhwng bydoedd y byw a'r marw, lle bydde'r atgofion hyn yn cael eu storio fel ysbrydion a ffenomena goruwchnaturiol.

Rhai blynyddoedd wedyn, bathwyd y term 'Stone Tape Theory' wedi'i ysbrydoli gan ddrama deledu arswyd a ddarlledwyd gan y BBC, *The Stone Tape*.

Mae'r theori hon yn ategu syniad Babbage o bethau'n cael eu recordio ond mewn ffordd fwy technolegol gyfoes, gan awgrymu bod ysbrydion yn debyg i recordiadau ar dâp, neu fel tâp magnetig yn cofnodi data; a bod profiadau emosiynol neu drawmatig ym mywyd unigolyn yn gallu cael eu 'taflu' fel egni i'w recordio gan gerrig a phethau eraill. Yn yr amgylchiadau cywir gall yr egni gael ei ailchwarae; yn union fel tâp-casét. Dyw'r 'ysbrydion' hyn ddim yn gallu ymateb na gwneud cyswllt efo pobol oherwydd recordiadau yn unig ydyn nhw, fel caneuon sy'n cael eu chwarae drosodd a throsodd i bwy bynnag fydd yn fodlon gwrando.

Y math gorau o garreg ar gyfer recordio, mae'n debyg, ydi cwarts. Ond mae calchfaen yn un arall.

Mae hyn yn gwneud lot o synnwyr i mi ond dwi'n deall wrth gwrs fod yr holl beth yn swnio'n eithaf *bonkers*.

Ar y gorau, damcaniaeth greadigol yw'r theori.

(Ar-lein, dwi'n ffeindio erthyglau am 'spooky geology' a 'haunted rocks'.)

Mewn llyfr o'r enw *Secret Language of Stone* (1988) mae cemegydd o'r enw Don Robins yn dadlau bod gwallau strwythur mewn mineralau yn y graig yn gallu creu cronfeydd egni lle gall atgofion gael eu storio. *Macrochip* yw gair Robins am y gwagleoedd hyn a dwi'n dechrau meddwl eto am ein fan oren ni o dan y goeden wrth y dibyn serth 'na.

Alle'r creigiau, neu'r goeden hyd yn oed, fod wedi cofnodi rhywbeth, neu rywun?

(Ac eto, os mai recordiad yn unig oedd yr anadlu a'r tristwch, yn cael ei ail-chwarae *ad infinitum* i bwy bynnag ddeuai i gampio dan y goeden ar ochr y clogwyn, sut bydde hynny'n esbonio'r dillad, y *chaos* yn y *bunk*?)

Ond mae 'na gymaint o esboniadau gwell, yn does?

Sleep paralysis; blinder...

Neu, y gwaethaf un: atgof ffug.

***

Yn ei lyfr, *South*, ysgrifennodd yr anturiaethwr Ernest Shackleton am ran olaf ei gyrch i'r Antarctig yn 1914-17 ac am y ffigwr annaearol a ymunodd gyda fe a'i ddynion yn y gwynder llethol, yn gwmni ysbeidiol iddynt yn y dyddiau caled.

'It seemed to me often,' ysgrifennodd, 'that we were four, not three.'

O ganlyniad i gyfaddefiad Shackleton, dechreuodd mwy o anturiaethwyr rannu straeon tebyg am gyd-deithwyr ysbrydol. Erbyn heddiw mae'n cael ei adnabod fel *third man syndrome*.

***

Yn y podlediad *Uncanny* (sy'n hollol wych gyda llaw) mae'r cyflwynydd Danny Robbins yn cwestiynu straeon ysbryd gan wrandawyr. Maen nhw'n hoff o gael tystion i wirio bob stori.

Felly, dwi am holi Mam.

A dwi am holi Dad.

Wedi'r cyfan, rydyn ni gyd yn cofio pethau'n wahanol.

Mae amser yn gwneud pethau ansicr yn bethau cadarn.

Mae straeon, fel concrid gwlyb, yn troi'n galed yn y pen draw, ac ar ôl hynny mae bron yn amhosib eu newid.

Fel cerrig.

Bosib iawn mai nid ar un gwyliau y digwyddodd yr holl bethau yn y stori, ond cyfres o wyliau, dros sawl blwyddyn, wedi cywasgu'n un…

Ond dwi'n gwybod be glywais i a dwi'n gwybod be deimlais i.

Gwnewch be fynnoch chi o hynny.

Fy stori ysbryd gyntaf, ond nid yr olaf.

Lerpwl

Dwi'n deffro'n Lerpwl.

Mae'r ddinas wastad wedi dod â llawer o gysur i mi; dwi'n teimlo fel 'mod i'n ffitio ynddi rhywsut. O ganlyniad, dwi wedi gwneud lot o waith creadigol yma dros y blynyddoedd diwethaf ac mae fy nelwedd o'r lle wedi'i delfrydu gymaint nes 'mod i wastad yn meddwl amdani mewn rhyw wanwyn parhaol, efo'r haul yn tywynnu: pob man yn wyrdd ac yn llawn egni.

Ond ddoe, pan gyrhaeddais Lime Street, roedd hi'n llwyd ac yn wirion o oer – bron nes 'mod i'n methu â chael fy nghyhyrau a'm cymalau i weithio, nes bod cerdded hyd yn oed yn teimlo'n anodd. 'Nes i orfod prynu sgarff i mi fy hun o Primark a chysgu efo'r un sgarff wedi lapio'n dynn o 'nghwmpas trwy'r nos.

Dwi yma er mewn cymysgu fy albym newydd ac er bod y llinell derfyn o fewn cyrraedd, dwi'n deffro'n aflonydd i gyd, ac nid jyst oherwydd yr oerfel. Hiraeth sy'n gyfrifol; hiraeth ac euogrwydd. Ac mae'r ddau emosiwn yn cronni yng ngwaelod fy mherfedd fel uwd.

Am ryw reswm, mae'r record yma wedi 'nghymryd oddi wrth fy mhlant eithaf tipyn.

Cyn i mi adael Aber ddoe, daeth yr un fengaf ataf yn bwdlyd.

'Ddim isie ti fynd.'

Roedd yr hynaf yn ategu hyn.

'Pam Lerpwl?'

Atgoffodd eu tad nhw fy mod yn mynd i weithio.

Ond oes modd cyfiawnhau, rili?

Wyt ti'n gallu gadael dy blant am ganeuon?

(Cyn bo hir, bydd miwsig yn mynd â fi i Kansas City, ac yna i Seland Newydd, yn bell oddi wrthyn nhw eto a dwi'n teimlo'n sâl am y peth, er gwaetha'r cyffro o gael gweld dau gyfandir newydd am y tro cyntaf yn fy mywyd.)

Ddoe, wrth aros i tsiecio mewn i'r gwesty, dilynais fy nhrwyn i gyfeiriad y dociau.

Roedd Dad wedi bod yn sôn, rhai dyddiau ynghynt, cymaint oedd e'n caru Lerpwl. Pan ddaeth e yma am y tro cyntaf yn 16 oed, a hynny er mwyn mynd i hwylio ar y môr, roedd e wrth ei fodd efo'r lle.

Cyrhaeddodd y ddinas yng nghanol y chwedegau, yn ystod y Beatlemania, ac wrth hwylio oddi yno, gwelodd ogledd Cymru am y tro cyntaf. Wrth groesi'r Fenai a gweld Eryri yn ymestyn allan fel breuddwyd o flaen ei lygaid, yr eira ar y topiau, yr Eifl a Phen Llŷn fel cysgodion yn y pellter, roedd y dyn ifanc o Donyrefail yn gegagored.

Teimlad rhyfedd, meddyliodd, oedd gweld rhan newydd o dy wlad am y tro cyntaf, a thithau ar fin ei gadael hi...

Dad oedd yn gyfrifol am fy nghyflwyno i waith J. Glyn Davies ac wrth feddwl am Lerpwl, mi fyddaf yn dychmygu'r dociau'n atsain efo melodïau ei ganeuon.

Llongau Caernarfon, Codi Angor, Fflat Huw Puw...

Ond ddoe, roedd ysbrydion yr hen ddociau yn dawel. Heblaw am ambell dwrist yn crwydro'r lle efo camera, y faniau bwyd yn rhyddhau aroglau bendigedig i'r oerfel, roedd dociau Albert yn wag. Pasiais hen garousel, heb neb arni; roedd janglian ei cherddoriaeth yn iasol braidd, a theimlais fy nhraed yn cyflymu er mwyn ei phasio. Ar fy chwith, roedd hen angor yr HMS Conway ac yna, o fy mlaen, gwelais arwydd am y Tate a dyma feddwl y galle fod yn lle da, a chynnes, i swatio am gwpwl o oriau. Ond wrth agosáu, gwelais arwydd mawr yn dweud bod y galeri ar gau dros dro. Doedd yr awyr lwyd ddim yn dod â llawer o gysur chwaith, felly'n ôl â fi am y gwesty. Ar fy ffordd, es heibio adeilad mawr a sylweddoli mai amgueddfa oedd e. Bron yn ddiarwybod i mi fy hun, es i mewn. Roedd y *foyer* yn gynnes a dyma fi'n sefyll yno am gwpwl o eiliadau, fy nghes wrth fy ymyl, yn teimlo ychydig bach yn ddryslyd, ond yn wirioneddol falch am y cynhesrwydd.

'You ok there?'

Roedd y dyn wrth y ddesg yn edrych arna i'n chwilfrydig.

'Oh.' dywedais i. 'Yes... I...'

Gofynnodd a o'n i'n edrych am rywbeth yn benodol.

'Our Ken Dodd exhibition is downstairs, and you'll need to buy tickets for that. But the rest is free.'

Heb feddwl, gofynnais a oedd adran archeoleg.

Nodiodd.

Llawr cyntaf.

'Interested in that stuff?'

'Oh. Yes...'

Ond wrth gwrs, gwneud hyn wrth feddwl am fy mab hynaf o'n i; rhyw ddefod fach er mwyn gallu parhau i feddwl amdano a'i anrhydeddu, tra 'mod i'n bell oddi wrtho.

(Pan roedd e'n fach iawn, ro'n i yma'n recordio rhywbeth ar gyfer y trydydd albym. A thra 'mod i ffwrdd, fe ddatblygodd smotiau erchyll dros ei gorff bach. *Hand, foot and mouth* yn y diwedd, ac roedd e'n hollol iawn o fewn wythnos. Ond roedd yr euogrwydd yn ofnadwy. Sgwennais gân iddo bryd hynny, 'Brychni', fel cymod.)

Ar y llawr cyntaf, canfyddais y jacpot: cesys gwydr yn llawn fflintiau, ffosiliau a cherrig. Mae rhywbeth rhyfedd am ymweld ag amgueddfa mewn lle sydd ddim yn gartref i ti. Mae'r eitemau yn wahanol. Fel y garreg hon oedd ag enw anghyfarwydd i mi – *chert*.

Rownd y gornel, roedd câs yn llawn darnau bychain o grochenwaith roedden nhw wedi'u ffeindio wrth adeiladau'r dociau. Darnau bychain, bychain: rhai wedi'u haddurno, rhai'n fwy plaen ac ymarferol; pibau clai, ffigyrau porslen, rhannau o blatiau.

Roedd y casgliad dipyn yn fwy na'r potyn bach o ddarnau crochenwaith dwi a fy mab wedi bod yn eu casglu dros y flwyddyn ddiwethaf, un darn bob wythnos, o'r llwybr sy'n arwain at y ganolfan hamdden lle mae e'n mynd i nofio bob dydd Llun. (Yr un llwybr lle ffeindiodd e'r ffosil gwreiddiol, porffor.)

Mae plentyndod yn gyfnod mor fyr. Dyna mae pawb yn ddweud wrtha i. Gwna'r mwyaf ohonyn nhw tra eu bod nhw'n fach. Mae'n pasio mewn amrantiad.

Pan ro'n i'n fy arddegau, roedd Mam yn arfer dweud ei bod hi'n hiraethu amdana i fel babi a finnau ddim yn deall. Tan nawr.

Bu'n rhaid iddi fynd yn ôl i'r gwaith yn fuan iawn ar ôl i mi gael fy ngeni ac felly ro'n i'n treulio lot o amser efo Nan. Dyddiau bythgofiadwy, gorjys: yn teithio ar fysys, yn sgwrsio efo'r hen bobol, yn mynd i gaffis, fy llaw yn ei llaw hi, yn teimlo'i modrwyau'n arw ond yn gysurus yn erbyn fy nghroen. Nan, efo'i haroglau rhosod a phapur. A dwi mor falch o'r dyddiau hynny. Ond dwi'n gwybod fod Mam yn teimlo'n euog, a fydd 'na ddim alla i ddweud sy'n lleddfu'r ing. A nawr mae'r ing yn parhau.

Ar ôl gadael Lerpwl am y tro cyntaf, roedd Dad ar y môr am flynyddoedd. Roedd y môr yn ei waed, er nad oedd 'na ddim aroglau halen na gwymon ar gyfyl y cymoedd. Ac roedd yn rhaid iddo fe fynd; ar draul ei deulu, weithiau. Dwi'n gwybod ei fod e'n difaru gadael fy mrawd, oedd yn fach iawn ar y pryd. Ac eto, roedd rhaid mynd. Roedd e'n methu peidio.

A dwi 'run fath. Mae'n rhaid i mi wneud hyn. Er bod e ddim wastad yn fy ngwneud i'n hapus, ddim wastad yn gyfforddus. Ond dyna dwi'n ei wneud. Mae miwsig yndda i fel mae'r môr ynddo fe – y tonnau, y llanw a thrai, aroglau'r heli yn fy swyno.

Byddaf, mi fydda i'n difaru, heb os.

Ond os na wna i'r miwsig, mi fydda i'n difaru hynny hefyd.

Dwi'n meddwl weithiau am Joni Mitchell, am ei pherthynas gymhleth a thorcalonnus efo'i merch. Ac am Doris Lessing, a symudodd i stryd gwbl wahanol oddi wrth ei theulu ifanc, er mwyn gallu canolbwyntio ar ei sgwennu.

Rydyn ni gyd mor amherffaith.

Neithiwr, o'n i'n eistedd mewn bar bach gyferbyn â'r gwesty yn yfed potel o gwrw, efo llyfr Caryl Lewis yn gwmni i mi. Yn falch, mor falch o gael ei llais yn gwmni ar y bererindod hon. Ac yn meddwl am fy mhlant, yn cael bath adre, ac yn cael stori hebdda i, ac yn meddwl 'be ti'n neud 'ma?'

(Yn aml dwi'n gweld pobol yn defnyddio'r gair *navigate* i ddisgrifio'r broses ryfedd o drio bodoli yn y byd fel Mam. Math arall o fordaith. A dwi'n meddwl eto am y dociau, y cychod...)

Dwi'n gofyn i fy ffrind, sydd efo plant yn eu harddegau, os ydi pethau'n mynd yn well, os ydi'r euogrwydd yn pylu.

Na, mae hi'n dweud. Os unrhyw beth mae'n mynd yn waeth achos eu bod nhw'n pellhau wrthot ti yn ara bach, ddim fel pan oedden nhw'n fach ac isie ti bob munud.

Pokemon sydd wedi'i swyno'r hynaf y mis hwn. Mae e'n

casglu'r cardiau efo'r un defosiwn ag oedd e'n arfer ei ddangos i'r cerrig a'r pyramidiau.

Dwi'n trio fy ngorau ond alla i ddim cweit dangos yr un brwdfrydedd at Charmander & Co.

Os dwi'n crybwyll y cerrig, mae e'n ateb heb dalu fawr o sylw, gan droi i ffwrdd.

Ond er gwaethaf hynny, wrth gerdded o gwmpas yr amgueddfa, yn rhythu ar y cerrig dieithr, ro'n i'n ei ddal e'n fy nghalon.

Cymod arall.

Ar Facetime bore 'ma, roedd y fengaf ychydig yn swta nes i mi allu ei dynnu o'r mŵd drwy esgus bod yn Bluey efo acen Awstralia ofnadwy.

Gwenodd wedyn.

Dwi'n cysuro fy hun wrth feddwl, falle, un diwrnod y bydden nhw'n gwrando'n iawn ar y gerddoriaeth a falle'n deall pam 'mod i wedi gorfod gwneud hyn.

Neu falle ddim.

***

Heddiw, wrth sgwennu hwn, dwi'n cofio rhywbeth arall.

Mewn tair o'r siopau es i iddyn nhw ar Bold Street ddoe (Oxfam, Pop Boutique a rhywle arall) roedd cwsmeriaid yn canu gyda'r radio wrth dyrchu drwy'r dillad.

Dwi erioed wedi gweld hynny'n digwydd yn unrhyw le arall o'r blaen.

Roedd e'n anhygoel, yn hardd.

Yn y caffi lle dwi'n cael coffi sydyn cyn mynd i'r stiwdio, mae dyn yn tapio'i droed efo pob cân newydd sy'n dod 'mlaen ar y stereo.

Dwi'n cerdded i chwilio am dacsi ac mae cerddoriaeth ym mhob man.

Cerfluniau o gerddorion, murluniau, *lyrics* wedi'u plastro ar waliau.

All you need is love.

Yn y tacsi, mae'r gyrrwr yn holi am fy acen ac yn dweud wrtha i wedyn am ei nain Gymraeg a'i gŵr hi, Tom Jones.

'And could he sing?'

Mae e'n chwerthin.

'D'ye know, I don't know.'

Siŵr o fod, dwi'n ei ddweud.

Mae e'n chwerthin eto.

'I bet he could, yeah.'

Mae e'n gofyn wedyn am fy ngwaith a dwi'n dweud cerddor.

(Mae hyn yn dangos datblygiad.)

'O,' mae e'n ateb, yn fywiog, 'I play.'

Ac mae e'n dweud wrtha i am ei gitâr 12-string ac am ei biano.

★★★

Dwi adre. A bore 'ma mae fy mab fengaf yn troi'n dair.

Diwrnod mawr.

'Does dim hogyn bach dwy oed hefo ni rhagor,' mae Iwan yn ei ddweud.

(Nag oes, dwi'n meddwl, ac mae fy nghalon yn brifo er 'mod i'n mwynhau ei weld e'n rhwygo'r papur lapio ar ei anrhegion bach.)

Mae Iwan yn mynd â fe i'r Llyfrgell Genedlaethol i chwarae tra 'mod i'n rhoi'r rhaglen radio yn ei lle.

Rhai oriau wedyn dwi'n cael tecst.

'Hwn oedd yn perthyn i ni,' mae e'n sgwennu, uwchben llun o lyfr.

Roedd hen berthynas iddo yn un o deulu Meddygon Esgyrn Môn: Huw Owen Thomas, meddyg arloesol. Diolch i'w waith, ac yn arbennig y gwaith wnaeth e i ddatblygu rheolau ar gyfer therapi tor asgwrn, mae e wedi golygu bod mwy o bobol yn cael eu trin yn llwyddiannus gan leihau'r nifer o *amputations*. Roedd ganddo bractis yn Lerpwl, reit yng nghanol y ddinas, ddim ymhell o le o'n i'n cerdded.

Ei lyfr o ydi'r un yn y llun, o 1875: mewn ces gwydr, wedi'i oleuo'n berffaith, yr esgyrn yn wyn.

Jinmenseki

Tua dwy awr i'r gogledd o Tokyo, ar gyrion Parc Cenedlaethol Chichibu-Tama-Kai, mae trysordy rhyfedd a rhyfeddol.

Dyw Amgueddfa Chichibu Chinsekikan ddim yn amgueddfa arferol.

Ddim o bell ffordd.

Ynddi mae dros 1,700 o gerrig sy'n edrych fel wynebau dynol.

Mae rhai ohonynt yn siriol, yn gwenu'n bert efo'u llygaid tyllog, eraill yn ddemonig, yn arswydus.

(Fel *Scream*, ond yn waeth.)

Yn Japaneg, mae gair yn bodoli am y ffenomenon o weld wynebau mewn cerrig: *Jinmenseki*.

Mae'n debyg iawn i'r cysyniad o Pareidolia, sef y tueddiad dynol o ganfod wynebau mewn pethau lle nad oes wynebau go iawn: mewn rhisgl coed neu yn y cymylau.

Neu, yn achos y Chinsekikan, mewn cerrig.

Mae adran o'r amgueddfa wedi'i chlustnodi ar gyfer cerrig sy'n edrych fel pobol enwog.

Fel Elvis efo'i *quiff* nodweddiadol a'r wefus wedi crychu, Donald Trump, ET.

Sefydlwyd yr holl beth gan ddyn o'r enw Shoji Hayama.

Bu Shoji yn casglu'r cerrig am dros 50 mlynedd, er ei bleser ei hun, gyda'r bwriad wedyn o ddechrau eu gwerthu yn Tokyo.

Ond roedd rhai o'r casgliad yn rhy werthfawr i ffarwelio â nhw ac felly penderfynodd agor amgueddfa yn lle hynny.

Bu farw Shoji yn 2010 yn 89 oed. Erbyn heddiw ei ferch, Yoshiko, sy'n gyfrifol am redeg y lle.

Mae hi'n dal i fynd i chwilio am fwy o wynebau i'w rhoi yn y casgliad.

(Mae'r Parc Cenedlaethol yn gyfoeth o gerrig diddorol: yn llawn gwenithfaen hynafol ac yn fan cychwyn sawl afon, fel yr Arakawa, y Tama a'r Shinano. Dwi'n dychmygu Yoshiko, yn penlinio ar lannau'r dŵr, yn codi cerrig fesul un i chwilio am wynebau.)

Yn ogystal â'i chanfyddiadau hi, mae pobol ledled y byd yn danfon cerrig at yr amgueddfa ac felly mae'r archif ryfeddol hon yn dal i dyfu.

Dangosais luniau o'r cerrig i fy mab hynaf, gan obeithio ailgynnau'r hen sbarc.

'Gewn *ni* gasglu rhai?'

(O'n i'n mawr obeithio bydde fe'n gofyn hyn.)

'Cawn!'

***

Y noson honno, rydyn ni'n cael bach o ffrae.

('Da chi *mor* debyg,' mae Iwan yn ddweud, yn flinedig.)

Mae angen rhywbeth i newid y ffocws, i'n stopio ni rhag cyfarth ar ein gilydd fel dau gi.

Galle'r cerrig helpu, dwi'n meddwl.

Felly, y bore wedyn, ar draeth Tan-y-bwlch, ni'n dechrau'r dasg.

Roedd gan Steinbeck – neu os nad Steinbeck, rhywun arall – y syniad hwn y dylet ti wastad gael rhyw eitem anodd i'w ffeindio yn dy ben, lle bynnag fyddet ti'n mynd, er mwyn rhoi pwrpas a chyfeiriad i dy ddiwrnod. Taset ti'n digwydd ffeindio'r peth, grêt. Taset ti ddim, wel byddet ti wedi cael antur yn chwilio.

(Unwaith, fe ddarganfyddon ni warchodfa asynnod yn Lanzarote wrth ddilyn ei gyngor.)

Gyda hyn mewn golwg, dwi'n dechrau brasgamu dros y cerrig, yn dilyn fy mab.

Mae e'n gwybod yn iawn lle i fynd.

'Dere ffor 'ma!'

Dwi'n ei ddilyn at ran o'r traeth sy'n llawn cerrig efo marciau mawr arnynt fel creithiau.

Mae e'n ecstatig.

'Gweld?'

'Da iawn!' dwi'n dweud, gan blygu i chwilota am wynebau.

Yn syth, dwi'n ffeindio un.

Darn o fflint efo dwy lygad a gwên gam.

Dwi'n ei ddal e fyny iddo gael gweld.

'Da, Mam!'

Dros y deg munud nesaf ni'n ffeindio llwythi ohonyn nhw.

Wynebau o bob maint; rhai yn grac, rhai'n hapus.

Rhai ohonyn nhw jyst yn gwneud i ni chwerthin heb ddeall pam.

Dwi'n stwffio nhw i 'mhocedi, yn teimlo nhw'n fy nhynnu lawr at y ddaear wrth i mi drio cerdded at y môr.

Mae'n teimlo'n bwysig i ddod â nhw adre efo ni, er alla i ddim cweit esbonio pam.

Y cwbl dwi'n ei wybod ydi fod gen i bocedi'n llawn cerrig, ond dwi ddim yn teimlo'n drwm rhagor.

O bellter, dwi'n gwylio fy mab fenga'n dringo fel Spiderman i fyny'r bowlderi sy'n gorwedd o dan y jeti, yn gwylio'i dad yn rhedeg i ddal fyny gyda fe, a'i ddal yn saff.

Mae'r môr wastad yn gwneud pethau'n iawn eto.

A'r cerrig.

O'n i'n gwbod fydden nhw.

Ar y ffordd adre, dwi'n eu tywallt nhw i gefn y car.

Y tu allan i'r tŷ, wrth agor y *boot* a darganfod rhes o wynebau bychain caregog yn gwgu'n ôl arnon ni, mae Iwan yn ysgwyd ei ben.

Dwi'n syllu arno'n herfeiddiol, yn gwybod yn iawn be sy'n mynd trwy ei feddwl.

'*Beth*?!'

Mae e'n chwerthin.

'Dim byd.'

'Hyn 'nest di briodi, cofia.'

Mae e'n chwerthin eto.

'Wn i.'

Tonfeddi

Dwi ar y trên i Lerpwl eto i gymysgu fy albym newydd pan dwi'n darllen fod Annie Nightingale wedi marw.

Y fenyw gyntaf erioed i ddarlledu ar Radio 1, roedd hi'n cŵl, yn wybodus, ac yn fwy na dim, jyst yn caru cerddoriaeth i waelod ei henaid.

Mae ei theulu yn sgwennu:

Never underestimate the role model she became. Breaking down doors by refusing to bow down to sexual prejudice and male fear gave encouragement to generations of young women who, like Annie, only wanted to tell you about an amazing tune they had just heard.

Mae hi'n fraint i gael gweithio ar y radio.

Achos y cwbl yw e yn y bôn yw rhannu caneuon anhygoel ti wedi'u clywed gyda phobol ac yna gwasgu *play*.

Ond falle fod e'n fwy na hynny hefyd.

Y peth rhyfedd am radio ydi bod y microffon fel rhyw declyn hudol. Mae e'n gwybod be sydd yn dy galon di, ac mae e'n gallu cyfleu hynny i bwy bynnag sy'n gwrando. Mae'n anodd iawn i guddio pwy wyt ti ar y radio. Mae'r microffon yn dal rhywbeth hollol hanfodol am dy bersonoliaeth a dy egni mewn ffordd na all teledu ei wneud.

Achos y cwbl sydd yno ydi'r llais.

Ac mae'r llais yn adrodd cyfrolau.

Erbyn hyn dwi'n darlledu bob nos Fawrth o'r stiwdio yn Aberystwyth ac er mor unig y bydde rhywun yn disgwyl iddo deimlo – eistedd mewn stiwdio wag efo llais fy nghynhyrchydd yn fy nghlust a hithau'n bell i ffwrdd ym Mangor – dwi ddim yn teimlo'n unig o gwbl. Mae'n swnio'n sentimental ond mae'r gwrandawyr yn gwmni i mi ac mae'r caneuon yn eu ffyrdd bach eu hunain yn gwmni hefyd.

Be sy'n hyfryd yw ti fyth yn hollol siŵr a oes rhywun yn gwrando.

A dyna'r dirgelwch!

Gallet ti fod yn siarad efo cannoedd, miloedd o bobol.

Neu jyst un.

Ac mae hwnna'n dal yn gwbl hudolus.

Yn drydanol.

Tonnau radio.

Yn gyrru dy lais allan i'r byd.

Mewn *real-time*.

Alli di ddim dweud wrtha i nad oes rhyw fath o hud yn hynny.

★★★

Yn y traethawd 'Some Notes on Song', mae John Berger yn dweud y canlynol wrth drafod y gantores Yasmine Hamdan, a'r ymdeimlad o agosatrwydd a geir wrth wrando ar ei chaneuon:

> We tend to associate intimacy with closeness and closeness with a certain sum of shared experiences. Yet in reality total strangers, who will never say a single word to each other, can share an intimacy – an intimacy contained in the exchange of a glance, a nod of the head, a smile, a shrug of a shoulder. A closeness that lasts for minutes or for the

duration of a song that is being listened to together. An agreement about life. An agreement without clauses. A conclusion spontaneously shared between the untold stories gathered around the song.

Dyma i mi ydi radio.
Cyd-wrando, ie, ond cymaint mwy.
Mae'r oes ddigidol wedi trawsnewid pethau, braidd.
Yn oes y podlediadau, yn oes platfformau ffrydio, mae modd gwrando'n ôl, eto ac eto, ar rywbeth sydd eisoes wedi cael ei recordio a'i ddarlledu.
Mae'n anhygoel o beth: caniatáu i wrandawyr ledled y byd fwynhau a rhannu profiadau y gallan nhw fyth fod wedi'i wneud flynyddoedd yn ôl.
Ond i mi, mae radio byw yn gwneud rhywbeth mwy uniongyrchol: yn cynnig cwlwm o un pâr o glustiau ac un enaid, yn syth at rai eraill.

***

Deuddeg mlynedd yn ôl, ro'n i'n byw yn Brighton ac yn hiraethu am Gymru. Doedd y lle lan y môr hyn, er mor feddwl agored a *bohemian*, ddim yn Aberystwyth. Er mor debyg oedd yr adeiladau fictorianaidd, y caffis a'r prom, roedd rhywbeth ar goll.
Un diwrnod, ges i alwad ffôn gan Radio Cymru yn gofyn tybed a fyswn i'n hoffi recordio peilot ar gyfer rhaglen radio.
Cynnig hollol annisgwyl ond 'nes i ddweud 'ie' a dwi wedi bod yn ddigon ffodus i gael gwneud e ers hynny.
(Dyna ddaeth â fi yn ôl adre, dwi'n siŵr.)
Pan o'n i'n fach iawn, ro'n i'n hoff o recordio fy hun yn

gwneud rhaglenni radio. Tapio caneuon y Top 40 ac wedyn siarad yn y canol.

Wafflo: mae'n rhaid fod e yn fy ngwaed.

Mae gormod o atgofion melys i'w cyfri erbyn hyn. Er, falle, mai cael cyfweld Andrew Powell, cynhyrchydd *The Kick Inside* gan Kate Bush, yn y Gymraeg ydi un ohonynt.

Yn ystod y cyfnod clo, daeth i'r amlwg cymaint o fraint oedd cael gwneud y rhaglen. Gan ein bod ni ddim yn gallu mynd i'r stiwdios rhagor, danfonwyd microffon syml i bob cyflwynydd drwy'r post gyda chyfarwyddiadau ar gyfer cysylltu i'r rhwydwaith. Bydde rhaid adeiladu stiwdio dros dro, medden nhw, rhywle addas yn y tŷ; yn ddelfrydol, rhywle efo *soundproofing*. Dim unrhyw le lle bydde'r sain yn bownsio, os allen ni helpu'r peth. Felly, dim stafelloedd molchi, plis. Bydde modd creu sain gwell trwy godi pebyll bychain o ddillad gwely neu glustogau.

(Dyna pam roedd ambell ddarllediad yn swnio fel tasen nhw'n cael eu recordio mewn cypyrddau!)

Wrth edrych yn ôl nawr, mi wnaethon ni'r gore allen ni o sefyllfa hollol *bizzarre*. Bob nos Fawrth, bydden i'n dweud nos da frysiog wrth fy mab hynaf, yn ei adael yn y gegin efo'i dad, ac yn brasgamu tua'r stafell fyw – fy stiwdio newydd – gan gau'r drws yn dynn ar fy nheulu. Wrth gysylltu efo'r system ddarlledu ar-lein, bydden i'n rhyfeddu o glywed llais fy nghynhyrchydd Ffion ar ochr arall y lein.

'Haia.' Ac wedyn: 'Barod?'

A jyst fylna, bydden ni'n neidio i'r tonfeddi.

Ges i fwy o negeseuon yn ystod y cyfnod hwnnw nag unrhyw dro arall; pobol yn cysylltu i ddweud pa ganeuon roedden nhw'n eu mwynhau, o le roedden nhw'n gwrando, sut roedden nhw'n teimlo. Roedd y caneuon eu hunain yn teimlo'n drwm efo arwyddocâd ac emosiwn hefyd; achos roeddet ti'n gwybod bod y gerddoriaeth, y radio – yn fwy nag erioed o'r blaen – yn ffrind angenrheidiol, yn gwmni i gymaint o bobol.

Yng nghanol hyn i gyd, ro'n i jyst yn gobeithio y gallen i fod yn llais cysurus i greu normalrwydd mewn amser mor arswydus.

***

Wna i ddim esgus 'mod i heb gael ambell i sialens.

Yr anoddaf, falle, oedd dewis acen.

Fel person sydd wedi'i magu mewn cartref Saesneg ac oedd wedi symud i Aberystwyth o'r De yn dair blwydd oed, mae hyn wastad wedi bod ychydig bach yn anodd.

A dwi wedi bod trwy sawl fersiwn wahanol ohonof fy hun.

Does dim un ohonyn nhw'n argyhoeddi'n llwyr.

Pan ddechreuais yn y swydd, roedd fy Nghymraeg yn rhydlyd gydag olion Brighton, Llundain a Chaergrawnt arni.

(Pan awgrymodd rhywun anhysbys ar Twitter y dylai'r BBC fuddsoddi mewn 'cwrs gloywi iaith i Georgia Ruth' doedden nhw ddim yn anghywir!)

Buan y daeth yr hyder ond pallu setlo wnaeth yr acen, fyth.

Cafwyd:

Y Coyrdyf.

Y Semi-Cofi.

A nawr (ac o bosib yr unig un sy'n ymylu at fod yn *authentic*): Y Cardi.

Ond, plethwaith sydd gen i, go iawn: o eiriau deheuol a gogleddol. Y *gyda's* yn blendio'n lletchwith i'r *efo's*, y *mas* yn cymysgu â'r *allan*, y *lan* â'r *fyny* – mae'n siŵr eich bod chi wedi sylwi!

Ond, wrth fynd yn hŷn, dwi wedi dechrau derbyn a mwynhau'r gymysgfa.

Mae e'n ymwneud, dwi'n meddwl, efo'r teimlad o fod rhwng dwy iaith, rhwng dau fyd. Mae'n siŵr gen i fod lot o bobol yn teimlo fel fi (yn enwedig y rhai wnaeth ddysgu'r iaith fel plant): falle ein bod ni'n ceisio plesio pawb, yn despret i bawb ar y ddwy ochr ieithyddol ein hoffi ni.

Rôl rhwng-dau-le yw hi, a ti fyth yn hollol siŵr ar ba ochr mae dy deyrngarwch go iawn, neu os yw'r cyfan hyd yn oed yn fater o deyrngarwch.

Ac felly, ti'n simsanu.

Fel *chamelion*.

Pan o'n i'n fach, o'n i'n arfer mynd i wersylla i Rosirwaun ac ar ôl diwrnod yn chwarae efo plant o Wirral a Lerpwl, yn ôl Mam, bydden i'n dychwelyd i'r garafán efo acen Birkenhead.

Wythnos ddiwethaf, roedd gen i westai o'r cymoedd ar y rhaglen.

Ac yn syth dyma fy llafariaid yn dechrau swnio fel rhai Dad eto.

Ond be nei di?

***

Nid acenion yn unig sy'n trawsnewid chwaith.

Mae caneuon yn swnio'n wahanol trwy ddesg y stiwdio a ti'n dechrau sylwi ar yr holl bethau hyn, haenau a manylion bach, pethau alli di ddim eu clywed trwy *speakers* arferol.

Ac fel cerddor, ti'n synnu ar yr amrywiaeth: yr holl ffyrdd gwahanol sydd 'na o greu cerddoriaeth.

Yr holl feddyliau sydd wedi eu hogi i greu'r pethau dwi'n cael y pleser o'u chwarae.

Y dylanwadau, y pethau annisgwyl.

Dwi wedi sôn lot am gasglu yn y llyfr hwn ac am fy obsesiwn efo dod â phethau at ei gilydd. Mae'r rhaglen radio yn enghraifft berffaith o'r obsesiwn.

Mae *tagline* y rhaglen yn dweud 'eclectig' sy wastad yn fy ngwneud i bach yn *embarrassed* achos mae'n swnio fel 'mod i'n disgrifio fy hun fel rhywun, wel, 'eclectic, darling'.

Pioden fydde'n air mwy addas, falle.

Mae'r rhaglen fel y siopau dwi'n eu hoffi: cymysgfa o'r hen a'r newydd, pethau anghofiedig, pethau pert.

Boddi

Dwi'n eistedd ar drên arall.

Ar daith hir i Glasgow y tro hwn, gydag oriau i fynd nes 'mod i'n cyrraedd.

Heddiw, eto, mae cors Dyfi wedi boddi yn dilyn ymosodiadau parhaus Storm Jocelyn a Storm Isha.

Ond o leiaf mae'r glaw wedi peidio ac mae rhyw deimlad petrus ar hyd yr arfordir fel tase'r tir yn dal ei anadl.

Yn y seibiant, drwy ffenestri budr y trên, dwi'n syllu ar y dŵr.

A dwi'n cofio am y tro 'na, dros 25 mlynedd yn ôl, pan o'n i a Mam yn teithio ar yr un daith trên, yn mynd tua'r Amwythig (a'i haddewid o drysorau The Body Shop a TK Maxx).

O'n cwmpas, roedd y llifogydd mor ddrwg nes bod defaid yn boddi o flaen ein llygaid a ninnau'n eu gwylio nhw'n ddiymadferth, mewn braw.

Parhaodd y dŵr i godi.

O'r diwedd, stopiodd y trên rhywle ger Cyffordd Dyfi, a daeth y gwasanaeth tân i'n hachub, y dynion yn eu gwisgoedd yn gafael mewn ysgolion, yn ein hannog ni'n ara bach i ddringo lawr y grisiau i ddiogelwch bws gerllaw.

Dwi'n cofio taflu fyny mewn bag plastig rhwng Y Drenewydd a Chaersws.

A dwi'n cofio'r defaid.

***

Heno, dwi'n eistedd yn y Royal Concert Hall, Glasgow yn

gwylio cyngerdd fel rhan o ŵyl Celtic Connections.

Dwi'n flinedig ar ôl y daith, fy llygaid bron â chau'n y tywyllwch, ond dwi'n hapus i fod yma, mewn dinas dwi'n mwynhau bod ynddi.

Ar y llwyfan, mae cerddor o Ynys Manaw yn cyflwyno'i chân.

Cân werin, meddai hi, am ddefaid yn mynd yn sownd o dan yr eira.

Oherwydd 'mod i ddim yn deall yr iaith, does dim syniad gen i beth yw ffawd y defaid ar ddiwedd y gân.

A dwi'n gweld y dŵr yn codi eto, a llygaid gwyllt defaid y Ddyfi wrth iddyn nhw wibio heibio.

A dwi'n dyheu am gael bod yn berson llai *morbid*.

Barcud

Rhywsut, mae'n fis Chwefror.

Ar ôl wythnosau o biso bwrw, mae'r glaw yn stopio o'r diwedd, ac yn ddirybudd mae'r haul yn ymddangos. Felly, mas â ni i'r parc chwarae sy'n edrych dros y rheilffordd ar gyrion Llanbadarn. Rydyn ni ar ymyl rhywbeth hefyd, y plant a finnau. Mewn cwpwl o ddiwrnodau, bydd Iwan a finnau'n mynd i America ac yn eu gadael nhw efo'u neiniau a'u teidiau am ddeg diwrnod, felly dwi isie treulio gymaint o amser efo nhw ag sy'n bosib.

Mae rhywbeth am y traciau trên ar ddiwrnod heulog yn dod â'r gair *lonesome* i'r meddwl ac mae hyn yn teimlo'n addas heddiw.

Unwaith eto, mae Hank Williams yn fy mhen.

'Ni'n cael trît i ginio – byrgyrs, fel ma'r Americans yn bwyta,' dwi'n dweud.

Maen nhw'n hapus efo hyn.

Er mwyn gwneud i'r teimlad bara, dwi'n penderfynu mynd â nhw i barc gorau'r dref – parc Penparcau, yng nghysgod Pen Dinas.

Mae'n rhaid cerdded lan y rhiw serth sy'n arwain o gylchfan Morrisons ac yn croesi afon. Tipyn o bererindod, yn enwedig gyda phram.

Dwi wastad yn teimlo fymryn yn drist wrth gerdded ffor 'ma achos 'mod i'n gorfod pasio Bodlondeb: cartref yr henoed, lle'r oedd Nan yn byw yn ystod ei blynyddoedd olaf. Mae'n wag nawr, ond ro'n i'n arfer gweld wynebau'r hen bobol yn y ffenestri, bwrlwm y staff yn mynd a dod, ymwelwyr yn cyrraedd yn eu ceir ar fore Sul, aroglau bwyd yn dianc trwy'r *vents*.

(Gwerthwyd y lle gan y cyngor, ddim yn hir ar ôl iddi farw, i gymdeithas dai. Mae'r blynyddoedd yn pasio, a neb callach be fydd yn digwydd i'r adeilad. Bob hyn a hyn, mae stori annelwig yn ymddangos yn y wasg. Dwi'n clywed sibrydion. Am chwe blynedd, bron, mae wedi bod yn wag. Bron fel tase fe'n aros i'r henoed ddychwelyd. Ond, wrth gwrs, wnawn nhw ddim.)

Mae'r ffenestri yng nghefn yr adeilad yn edrych dros y parc chwarae. Dyma lle roedd stafell Nan ac roedd hi'n arfer mwynhau gwylio'r plant yn chwarae trwy'r ffenest. Wrth wylio'r bechgyn yn chwarae heddiw, dwi'n meddwl cymaint fydde hi wedi mwynhau eu gweld nhw – ei gorwyrion hi, yn yr haul, yn dringo ac yn chwerthin, eu pengliniau'n frown gyda mwd.

Weithiau, dwi'n taeru 'mod i'n gweld wynebau yn y ffenestri.

Ond jyst yr haul yn taro'r gwydr yw e.

(Mewn ffordd, byddet ti'n *gutted* tase dy enaid yn mynd yn styc mewn adeilad cyngor o'r fath, yn gorfod wynebu tragwyddoldeb o goridorau sgleiniog ac aroglau *corned beef*.)

Mae'n rhyfedd, ond mae gen i'r teimlad yma ei bod hi'n dal i fod yno, yn ei stafell hi.

Rhan ohoni, beth bynnag.

Rhyw ddaioni tawel; rhyw egni; goleuni.

Mae hi efo ni, dwi'n meddwl, gan gau fy nghot i gadw'r oerfel mas.

(Dwi'n aml yn teimlo hyn. Mewn rhai llefydd yn arbennig.

Fan hyn, ac yn y fynwent roedden ni'n cerdded drwyddi ar y ffordd i'r ysgol neu yn ysbyty yr Heath, yn yr eiliadau ar ôl geni fy mab hynaf.)

Mae e wedi bod yn darllen lot am ddewiniaid yn ddiweddar, ac wedi mopio efo'r syniad bod ganddyn nhw *familiars* – anifeiliaid sy'n arbennig iddyn nhw ac yn darparu rhyw arwyddocâd hudolus. Fel y *daemons* yn llyfrau Phillip Pullman.

(Gyda llaw, dwi wedi trio ffeindio'r gair Cymraeg am *familiars* ond y cyfan alla i ffeindio ydi 'dyfyn-ysbryd' gan Bruce, sy'n cyfateb i *familiar spirit*. Mae hyn yn syndod achos o'n i'n meddwl bydde lot o *familiars* mewn chwedlau Cymraeg.)

Mae e wedi bod yn honni, ers cwpwl o flynyddoedd nawr, bod ganddo *familiar* ei hun: barcud coch. Ffrind gorau sy'n ei ddilyn o'r awyr, yn ei wylio, yn ei gefnogi'n dawel.

(Typical fe i gael *familiar* mor frenhinol â hyn, ni'n dweud, gan chwerthin.)

Unwaith, ar y ffordd i'r ysgol, dyma fe'n plygu i godi pluen frown-wen, ddilychwin o'r llawr ac yna dyma'n ei chadw'n ofalus yn ei stafell, gyda'r holl grap arall i gyd.

Mae e wedi darllen, yn un o'r llyfrau sydd ganddo, bod siamaniaid brodorol America yn defnyddio plu eryr (sydd wedi hedfan deirgwaith o amgylch yr haul), *tumbleweed* wedi'i falu a rhywbeth o'r enw *cloudberry* i greu swyn. Bydde'r rhain yn caniatáu iddo hedfan, meddai e, ond dim ond yn ystod y dydd.

(Gan mai fi brynodd y llyfr yma o siop elusen iddo, dwi'n dechrau meddwl ei fod e – ar y gore – yn ffantasi ac, ar y gwaethaf, yn enghraifft o *cultural appropriation* ofnadwy.)

Ond mae e wedi cymryd y peth i'w galon.

'Ti'n gallu cael y pethe hyn i fi o America?'

169

'Falle...' dwi'n dweud, yn ansicr, yn ofni addo gormod.

Maen nhw eisiau chwarae ar y siglen sy'n edrych fel basged fawr ac am rai munudau dwi'n gwthio nhw yn ôl ac ymlaen fel pendil anferthol.

Falle i mi ei glywed e cyn 'mod i'n ei weld e.

Achos funud nesaf, dwi'n edrych tua'r awyr, a dyna fe: barcud.

Yn hofran, yn llawn bwriad, uwch iard yr ysgol gynradd gyfagos.

Ac mae rhywbeth yn ei grafangau; rhywbeth gwyn, rhywbeth byw.

'Edrych,' dwi'n dweud, gan ddal fy ngwynt.

Mae'r siglen yn stopio symud.

Mae hyd yn oed yr un bach yn troi i edrych.

Yn sydyn, mae'r barcud yn gollwng ei brae – dwi'n cael fy atgoffa o'r grafanc yn yr arcêd ar y Pier yn gollwng tegan rhad – ac mae rhywbeth gwyn yn plymio i'r ddaear.

(I fyw? I farw?)

Mae'r barcud yn aros, yn gwbl lonydd yn yr awyr, yn gwylio.

Ac yna, mae e'n dechrau hedfan yn nes aton ni.

Mae fy mab hynaf yn pefrio.

'Barcud fi,' mae e'n dweud, ei lygaid ar dân. ''Nes i ddweud 'tho ti!'

Ac mae e'n dechrau chwibanu.

(Fysech chi'n fy nghredu tase'n i'n dweud wrthoch chi mai fel hyn yn *union* roedd Nan yn chwibanu am Katy, ei chi? *As in*, yr *union* yr un sŵn.)

Fel tase fe'n ufuddhau, mae'r barcud yn nesáu.

Ac yn nesáu.

Mae e'n chwibanu eto.

Mae e uwch ein pennau nawr, mor agos, mor glir nes ein bod ni'n gallu gweld y patrymau trawiadol ar waelod ei adenydd. Mae e'n goch a'r gynffon yna, fel saeth…

Does neb yn symud.

Ofn anadlu, bron.

Ac yna, fel tase rhyw grafanc wedi cydio ynddo yntau, mae e'n hedfan ymaith, tua Phen Dinas a mas o'n golwg.

O gornel fy llygaid, i'r cyfeiriad arall, yn ôl am y dref, mae ffenestri Bodlondeb yn dal yr haul.

A dwi'n meddwl eto 'mod i'n gweld wyneb.

Dwi'n ysgwyd fy mhen.

Wrth fy ymyl, mae llygaid fy mab hynaf yn dal i befrio.

'Waw,' mae e'n dweud wrtho ei hun.

Ond mae'r un bach wedi dechrau blino, ochrau pellaf ei geg yn dechrau troi am i lawr, ei lygaid yn drwm.

'Come on,' dwi'n dweud. 'Awn ni adre? Allwn ni wylio ffilm.'

Gyrru

Erbyn i chi ddarllen hwn, fe fydda i'n gyrru.

Dwi'n dweud hyn, yn rhannol, fel mantra i mi fy hun.

Achos, chi'n gweld, mae wedi bod yn broses eithaf hir a chythryblus.

Fe ddylwn i fod wedi dysgu gyrru pan o'n i'n ifanc a ffres, yn llawn hunanhyder.

Ond am ryw reswm, 'nes i ddim. A beth bynnag, roedd digon o fy ffrindiau'n gallu gyrru a finnau'n ddigon hapus i gadw cwmni iddyn nhw ar eu *spins* rownd dre.

'I am the passenger.

And I ride. And I ride.'

Fy rôl naturiol.

Ac mae mwy i'r holl beth na jyst cael dy gario rownd y lle. Ti'n cadw cwmni i'r gyrrwr. Yn eu cefnogi nhw'n dawel o'r sedd chwith; yno i siarad, os ydyn nhw'n dymuno, ond yn gwbl hapus i fod yn dawel hefyd os mai diwrnod felly ydi hi. Nhw sy'n dewis.

(Dwi'n chwilio am gyfieithiad yn y geiriadur o'r gair *passenger* – mae rhai yn annigonol, fel 'teithiwr' a rhai jyst yn *offensive*, fel 'diogyn'.)

Alla i ddim pwysleisio digon fod gan hyn ddim byd i'w wneud efo diogi. Ond mae ganddo bopeth i'w wneud efo ofn.

Dros y blynyddoedd dwi wedi ymdrechu sawl tro, yn aflwyddiannus, i yrru ac wedi *ghostio* pedwar hyfforddwr gwahanol.

Ond nawr, a finnau'n ôl yn y dref lle ces fy magu, dwi wedi

ffeindio fy achubwr. Rhywun dwi wedi'i adnabod ers o'n i'n bedair, sydd wedi trawsnewid pethau, go iawn.

Tua mis yn ôl, ar ôl tua blwyddyn o yrru hyd lonydd cefn gwlad Aber, yn rhoi'r byd yn ei le, dyma fe'n yngan y geiriau hud:

'Fi'n credu ti'n barod i gymryd dy brawf.'

Roedd rhan ohona i'n *gutted*.

O'n i'n aelod o glwb eithaf sbesial, chi'n gweld, efo pobol fel Brian Eno, Cardi B, Barbara Streisand, David Sedaris a Freddy Mercury.

Y *non-drivers extraordinaires*.

Mi fydda i'n colli yr holl bobol yma.

Mae 'na lot o bobol ofnadwy sy'n gallu gyrru.

(A dwi'n siomedig, hefyd, i ddysgu bod nawddsant y *passengers*, Iggy Pop, yn gallu gyrru ers ei ddyddiau ysgol...)

Un peth arall fydda i'n ei golli ydi'r fantais foesol sydd gen i dros y gyrwyr i gyd. Ar hyn o bryd alla i ddweud yn *smug* bod gen i lai o ôl-troed carbon ond mae hynny'n mynd i newid.

Dyw'r dyn drws nesaf ddim yn gyrru ond dyw e ddim eisiau, chwaith.

'No interest,' mae e'n dweud, pan dwi'n ei holi.

Ac er 'mod i'n nodio fy mhen, alla i ddim deall.

Dwi'n desprêt, hollol desprêt i fod yn gyrru.

Dwi'n breuddwydio am y peth.

Dwi wedi sgwennu albym yn llawn caneuon am y peth.

Pan aeth Iws yn sâl, 'nes i wir sylwi cymaint o broblem oedd methu gyrru.

O'n i'n methu mynd â'r plant i lefydd, yn methu apwyntiadau, yn methu bob dim, rili.

O'n i ddim yn berson go iawn.

Flynyddoedd yn ôl, 'nes i resymu mai pobol fel fi oedd yn cadw'r system drafnidiaeth gyhoeddus yn fyw.

O'n i'n dwli ar drenau. Yn caru syllu'n rhamantus drwy'r ffenestri wrth i'r byd lithro heibio. Yn caru swyn yr olwynion ar y cledrau.

Ond un diwrnod, dyma'r trên o'n i'n teithio arni yn lladd rhywun.

Doedd pethau ddim yr un fath wedi hynny.

A gyda'r gwasanaethu bysys yn cael eu torri a chostau trenau'n saethu tu hwnt i bob rheolaeth, dwi'n stryglo i fod mor hapus ar drafnidiaeth gyhoeddus ag o'n i'n arfer bod.

★★★

Mae cerddoriaeth a gyrru'n mynd law yn llaw.

'Ma Bruce Springsteen wastad yn deud be 'di injan 'i gar o,' meddai Iwan.

I ddweud y gwir, alli di ddim gwrando ar gerddoriaeth Bruce heb ddychmygu lôn agored yn ymestyn i'r pellter.

Mae cymaint o gerddorion dwi'n eu hadnabod yn dweud mai y car, wrth yrru, ydi'r lle delfrydol i wrando ar *mixes* dy gerddoriaeth dy hun.

Dwi isie gwneud hynny.

Dw isie gwybod sut mae'n teimlo i fod yr un sy'n rheoli'r rhestr chwarae.

Mae gen i restr yn fy mhen, ers blynyddoedd, o'r holl bethau fydda i'n chwarae ar y daith gyntaf 'na.

Oherwydd pwerau Spotify, mae gen i'r gallu i weld pa restrau chwarae mae pobol wedi rhoi fy nghaneuon i arnyn nhw.

Dwi'n gwirioni un diwrnod o weld bod rhywun wedi rhoi

fy sengl newydd (sydd, wrth gwrs, yn sôn am fy mreuddwyd
o yrru) ar restr efo:

Donovan – Car Car (Riding In My Car)
Janice Joplin – Mercedes Benz
The Modern Lovers – Roadrunner
The Monkees – Me & Magdalena
Grace Jones – Pull Up To The Bumper.

'Dave's Car Songs' ydi teitl y rhestr chwarae.
Dyma fy nghlwb newydd, dwi'n meddwl, yn falch ac yn hynod ddiolchgar i Dave, pwy bynnag yw e.

***

Mewn 12 diwrnod mi fyddaf yn mynd i gwrdd â fy ffawd ar lonydd Aberystwyth.

Dwi wedi bod yn darllen am nawddsant y gyrwyr, Santes Frances. Er iddi farw ganrifoedd cyn i geir gael eu dyfeisio, mae ei stori'n un ddiddorol.

Yn ddynes elusengar, bydde Frances yn aml yn teithio i'r dref fawr gyfagos i ddarparu bwyd i'r tlodion. Golygai hyn y bydde'n rhaid iddi aros allan yn hwyr, ymhell wedi iddi nosi. Yn ôl y stori, pan fydde Frances yn teithio'n ôl adre ar ei phen ei hun yn y tywyllwch, bydde angel yn goleuo'r ffordd er mwyn ei chadw hi'n saff. Oherwydd yr holl deithio saff hyn ar y lôn, enwyd Frances yn nawddsant gyrwyr gan y Pab Pius X1 yn 1925 (485 mlynedd ar ôl ei marwolaeth).

Iddi hi fydda i'n gweddïo gyda'r nos, felly.
Dwi wedi gweld ysbryd arall o gwmpas y dref. Y fenyw gwallt brown efo sbectol. Dwi'n ei gweld hi'n aneglur trwy

ffenestri ceir dysgwyr eraill, yn eistedd wrth eu hochrau, yn llonydd ac yn ddifrifol.

Cyn hir, efo fi y bydd hi'n eistedd.

Does dim troi'n ôl nawr.

'Jesus, take the wheel...'

Cribo

Mae'r *algorithm* yn penderfynu 'mod i'n hoff o bobol sy'n casglu gwydr ar lan y môr, er 'mod i – mewn gwirionedd – yn ffeindio nhw'n *twee* ac yn annifyr.

Mwyaf sydyn, mae Instagram yn gorlifo gyda darnau bach lliwgar o wydr, wedi'u casglu ynghyd fel enfys neu losin, eu hymylon wedi'u meddalu gan y tonnau. Mae'r cwbl wedi'u cyflwyno'n chwaethus gan fenywod, mewn ffordd sy'n amhosib ei wrthsefyll.

Achos menywod sydd i weld yn gwneud hyn.

Yn arddangos eu trysorau bychain: yn eu dwylo ('a lovely little handful...'); ar y tywod, â'r tonnau'n torri'n dawel yn y cefndir; mewn potiau jam neu mewn casys arddangos arbennig – y droriau'n gorlifo'n gellweirus efo'r gemau bychain hyn.

A'r *hashtags*, pob tro efo *hashtags*:

#seaglasscollecting #beachcombing #handfulofseaglass #seatreasures #washedup #aestheticallypleasing

Mae e ychydig bach fel *porn*.

Ac mae'n fy atgoffa o'r obsesiwn Edwardaidd yna efo creu addurniadau mas o gregyn.

Os dwi'n gwbl onest, mae rywbeth bach yn ffug am yr holl beth.

Ond mwyaf sydyn, dwi'n *hooked*.

Ac oherwydd 'mod i'n dechrau hoffi'r lluniau hyn, mae'r *algorithm* yn penderfynu 'mod i hefyd yn hoffi darnau bychain o grochenwaith, wedi'u gosod allan mewn un rhes, yn union fel y gwydr ar lan y môr.

#fragment #shard #seapottery #beachcomber

Ac wrth gwrs 'mod i'n hoffi'r rhain!

Dwi a fy mab hynaf wedi gwneud ein fersiwn ein hunain o'r arddangosfeydd hyn droeon. Yn gosod yr holl ddarnau bychain o grochenwaith rydan ni'n eu ffeindio ar y carped, gan ryfeddu at yr amrywiaeth mewn lliw, oed, patrwm; ar y darnau bychain o *Willow Pattern*; ar y sblashis o liw, yn felyn ac yn borffor, yn syfrdanol o lachar.

Dwi'n dysgu bod enw ar y math hwn o arddangos – *Flatlay* – lle ti'n gosod dy drysorau allan ar garped neu ar fwrdd ac yn tynnu llun ohonyn nhw.

Ac mae e'n amlwg yn rhoi pleser i bobol, yn yr un ffordd y mae ASMR yn rhoi pleser i bobol sy'n hoffi teimlo cytseiniaid a sibrwd yng nghefn eu hymennydd neu ar eu gwar.

Dwi'n dychmygu trio esbonio hyn wrth rywun:

'Be sy'n dy neud ti'n hapus?'

'Wel, fi'n hoffi casglu darnau bychan o grochenwaith o'r pridd neu o'r traeth, ac wedyn dwi'n hoffi'u gosod nhw i gyd allan mewn un lle, a just kind of syllu arnyn nhw.'

'Ocê...'

Dwi wastad wedi bod fel hyn.

Mae llun ohona i tua diwedd y nawdegau, yn eistedd ar garped o gylchgronau *The Beano*, yn gwenu fel giât wrth arddangos fy nghasgliad fel tasen i wedi ffeindio celc o aur Rhufeinig.

Dwi wedi casglu popeth, o farblis i Beanie Babies.

Sa i'n siŵr pam ond dwi'n cael *dopamine hit* go iawn o'r peth.

A dwi'n meddwl eto am gasgliadau amrywiol fy mab: y ffosiliau, y cerrig ac yn fwy diweddar – y 'pethau wizardy.'

Rydyn ni'n debyg ofnadwy.

Casgliad yw albym, hefyd, wrth gwrs.

Casgliad o ganeuon fel darnau o wydr môr.

Ac mae'r pleser mwyaf – i mi, beth bynnag – yn dod o roi'r holl ddarnau bychain at ei gilydd.

Dwi'n eu gosod nhw mas, yn cymryd cam yn ôl, a dwi'n arolygu'r holl bethau dwi wedi'u creu, gan ryfeddu at y ffordd maen nhw'n dod at ei gilydd; y pethau unigol yn creu cyfanwaith, efo gwead a phatrymau gwahanol, pob un yn siarad â'i gilydd.

Ymddangosodd y term *beachcomber* am y tro cyntaf yn 1840 mewn llyfr gan Richard Henry Dana Jr. o'r enw *Two Years Before the Mast*, i ddisgrifio'r gymuned Ewropeaidd oedd yn byw yn ynysoedd y Môr Tawel ac yn chwilio ar hyd yr arfordir am unrhyw beth y gallen nhw werthu.

Flotsam.

Jetsam.

Mae'r syniad yn un hynafol. Trwy hanes, ledled y byd, bydde'r rhai oedd yn byw ar hyd yr arfordir yn chwilota'r tywod ar lanw isel i drio ffeindio pethau gwerthfawr neu unigryw i werthu.

Doedd hyn ddim yn bleser ond yn ffordd o oroesi.

A be am y dihirod fydde'n hudo llongau fin nos i ddryllio yn erbyn y creigiau didrugaredd, cyn chwilota ymysg y malurion am arian, alcohol, unrhyw beth?

Dwi'n chwilio drwy'r geiriadur am gyfieithiad o *beachcombing* ond yn methu canfod unrhyw beth.

Traeth-gribo?

Cribo?

Yn Aber, rydyn ni'n gribwyr naturiol, yn casglu popeth fedrwn ni o'r traethau: darnau o raff, hen fwiau, cerrig, cregyn, broc môr ac rydyn ni'n eu harddangos yn falch i gyd – ar y waliau o flaen ein cartrefi, ar ein silffoedd tân, yn ein tai bach.

Tref o gasglwyr.

'Hoarders, ti'n feddwl,' mae Iwan yn dweud.

Ond dyw e ddim yn deall.

Tref o archifwyr ydyn ni.

Meddyliwch am y Llyfrgell Genedlaethol, Amgueddfa Ceredigion.

Mae e yn ein gwaed ni.

Dwi'n siŵr bod e wastad wedi bod fel hyn.

Mae gwneuthurwr gemwaith lleol yn casglu darnau o wydr ar lan y môr i greu breichledau, mwclis – y darnau wedi eu casglu o draethau'r dre.

'A tiny piece of Aber beach, to keep the coast within your reach.'

Ac os ti ddim yn byw ger y môr, alli di ddal i fodloni'r ysfa.

Fel Abby efo'i hanturiaethau ar lannau'r Thames.

Dwi'n dysgu, yn fwy diweddar, taw *mudlarks* oedd y plant Fictorianaidd fydde'n tyrchu ar lannau'r afon am esgyrn, glo neu bren i'w werthu.

(Dwi'n meddwl wedyn am yr holl droeon dwi wedi galw fy mab, yn y ffordd anwylaf, yn *scavenger*.)

Bore 'ma, mae un o'r menywod gwydr dwi'n ei dilyn wedi postio casgliad *sexy* iawn: hen boteli apothecari, darnau o grochenwaith, gwydr môr (*obvs*), botymau a marblis.

Y cwbl wedi'i hel at ei gilydd yn ofalus yng nghledr ei llaw.

Pob un mewn lliwiau hardd, yn dal yr haul, yn pefrio.

'Sometimes I leave sand on my pieces too, just because I like it.'

Mae'n hawdd diystyru hyn fel obsesiwn Instagram.

(Fel y fideos 'na o olwynion car yn gwasgu gwahanol bethau mewn *slo-mo*).

Mae'n hawdd diystyru'r menywod sy'n rhedeg y cyfrifon

hyn hefyd; fel dwi wedi gwneud sawl gwaith yn barod bore 'ma wrth farnu'r *hashtags* a'r angen i archifo pob blydi peth ar gyfer dieithriaid ar y we.

Ond mae menywod wedi bod yn archifwyr erioed.

Ymhell cyn eu bod nhw'n cael unrhyw gydnabyddiaeth am wneud.

Os ei di'n ôl mewn amser (does dim angen mynd yn bell), roedd menywod wastad yn casglu pethau, yn arsylwi, yn cofnodi: planhigion, anifeiliaid, cregyn.

Ond y dynion oedd yn cael galw eu hunain yn wyddonwyr.

Mae'n rhywbeth i feddwl amdano wrth sgrolio drwy Instagram, beth bynnag.

America

Mae'n fis Mawrth.

Mae Dydd Gŵyl Dewi wedi mynd a dod; gwnaed y pethau bychain (hyd orau ein gallu) a nawr dwi'n eithaf siŵr bod y gwanwyn wedi cyrraedd.

Yn Aberystwyth, mae'r briallu'n ymddangos yn yr ardd ac yn y darnau gwyrdd ar ochr y pafin. Mae'r ddaear yn cynhesu'n ara bach.

Heddiw, trwy ffenest y stafell fyw, mae'r awyr yn las eto dros Ben Dinas, gyda dim ond un cwmwl hir o awyren yn pasio uwch ein pennau i darfu ar yr olygfa.

Llai na phythefnos yn ôl, fi oedd yn creu'r cwmwl, filoedd o droedfeddi uwchben ein tŷ, wedi fy synnu o weld Aberystwyth wedi'i labelu ar fap yr awyren.

Ar fy ffordd i Kansas City.

A nawr, dwi adre eto.

'There's no place like home.'

Ond rydyn ni'n sâl, y plant a finnau.

Chest infection.

(Dwi'n meddwl mai fi ddaeth â fe yn ôl o'r awyren fel anrheg amheus.)

Y cyfan sydd i'w wneud yw gorweddian a syllu trwy'r gwydr fel teulu o bysgod mewn acwariwm.

Mae'n eithaf braf, rili ac yn rhoi cyfle i mi feddwl am y trip.

★★★

Mae tua mil o luniau ar fy ffôn wedi'u tynnu trwy ffenest yr awyren.

O'r ynysoedd yn Efrog Newydd.

O'r eira mawr dros Bennsylvania.

Ac wedyn yr afonydd anferthol hyn, yn nadreddu ac yn troelli trwy'r ddaear.

Llynnoedd, wedyn, mor fawr â gwledydd, jyst.

Ac ar ôl hynny, yn ara deg, mae popeth yn mynd yn sych grimp, yn gwbl wag.

Eangdiroedd brown am oriau ac oriau gydag ambell gynffon ddu.

Pan oedd pethau'n mynd yn rhy undonog, bydden i'n troi fy sylw at y map oedd yn wyrddach o lawer, yn fwy byw gyda bryniau'n codi fel tonnau.

Ac enwau fel swynion: Little Macatina, Burnt Lake, Natashquan River, Shenandoah.

Ar ryw bwynt yn ystod y siwrnai, daeth Rhodri, ein gitarydd *pedal-steel*, a finnau i ddeall ein bod yn rhannu rhywbeth sef bod gan y ddau ohonon ni deulu ym Mhennsylvania.

Roedd ein teuluoedd ymysg y degau o filoedd wnaeth adael y Rhondda i weithio yn y glofeydd ar ochr arall yr Atlantig.

Ffyc, ni'n meddwl, wrth chwerthin, ydyn ni'n perthyn?

('Ella bo chi,' meddai Iwan o ddifri. ''Dach chi'n neud lot o betha'n debyg iawn.')

The Great Atlantic Fault ydi'r enw ar y sêm sy'n cysylltu meysydd glo cymoedd de Cymru efo'r rhai ym Mhennsylvania. Ar un adeg, roedden nhw ynghlwm, ond fe'i gwahanwyd dros filiynau o flynyddoedd gan y *transatlantic drift*.

Dau begwn o'r un peth.

Pen Sylfaen.

Eu glo nhw yw'n glo ni.

Wedi meddwl, falle fod gan bawb gefnder ym Mhensylvania.

***

Rydyn ni'n glanio ar dir America yn hwyr ar b'nawn Mawrth.

Fel arfer, bydden i'n paratoi ar gyfer y rhaglen radio ar y pwynt yma, yn taflu brechdanau i fy mag ac yn dweud nos da'n gynnar wrth y bechgyn cyn ei heglu hi fyny'r Llwybr Gwyrdd.

Ond dwi'n Kansas City, chwe awr ar eu holau nhw, ac mae'r bechgyn yn cysgu'n braf erbyn hyn (gobeithio).

A sut dwi'n teimlo i fod yma, o'r diwedd?

America: y wlad sydd wedi lliwio fy mreuddwydion a fy nghaneuon ers cyn i mi allu siarad.

Fy ffantasi gymhleth.

Byd Hank Williams, a'i wên gam.

Y peth cyntaf i'w ddweud yw dyw e ddim byd o gwbl fel y *past life* euraidd a blannwyd yn fy mhen gan yr hypnotherapydd 'na flynyddoedd yn ôl.

Ond America yw hi.

Ac mae'n teimlo'n gyfarwydd.

Yn y tacsi o'r maes awyr, rydyn ni'n drysu'r gyrrwr trwy gyffroi am y pethau mwyaf diflas.

'Sgubor goch!'

'Bws ysgol felen!'

'Taco Bell!'

'Sbia,' meddai Iwan, gan bwyntio ar arwyddion sy'n dweud 'Wichita'.

(Mae'r gair yn cael ei gyfeilio, yn naturiol, yn ein pennau

gan lais melfedaidd Glen Campbell a'r Wrecking Crew).

Yr ail beth i'w ddweud ydi mai dyma rywle lle alli di ddweud 'I don't think we're in Kansas anymore, Toto,' efo arddeliad.

Achos er gwaetha'r enw, nid yn *Kansas* mae Kansas City, ond yn Missouri.

(Mae Kansas City *arall*, yn Kansas, tua tair milltir dros y ffin ond yr un yn Missouri ddaeth gyntaf.)

Mae wedi'i lleoli mewn rhywbeth sy'n cael ei adnabod, yn arswydus, fel 'coridor corwyntoedd'.

Dinas fodern, yn ôl Rhodri, sydd wedi chwarae yma o'r blaen.

Dwi'n cael y teimlad ei fod e'n trio bod yn boléit am y lle.

'O'dd ddim lot o bobol o gwmpas ar y strydoedd,' mae e'n dweud yn ofalus, gan drio cofio. 'Yn unman.' Ac wedyn: 'O'dd e bach fel conference centre, ti'n gwbod?'

Dyw e ddim yn dweud celwydd.

Mae lobi'r gwesty yn edrych fel clawr blaen cylchgrawn pensaernïaeth o'r saithdegau neu'r Sun Centre yn Rhyl.

Concrit, cadeiriau mwstard, planhigion.

Yn naturiol, dwi'n ei garu fe!

'You don't even have to go outside.'

Mae'r ddynes wrth y ddesg yn dweud hyn fel tase fe'n beth da.

'Y'all can just use the Link.'

The Link ydi'r enw ar goridor gwydr hirfaith sy'n cysylltu'n gwesty ni efo canolfan siopa, gwesty arall a'r Grand Central Station, prif orsaf drenau'r ddinas.

Mae twneli gwydr tebyg ledled y ddinas fel teganau bochdew anferthol oherwydd bod y gaeafau mor oer yma.

Pam fyset ti isie mynd tu fas?

(Ond yr wythnos hon, yn groes i'r disgwyl, mae Kansas

City yn profi tywydd annhymhorol o braf ac felly mae cerdded drwy'r Link yn teimlo fel cerdded drwy dŷ gwydr.)

Os ydi'r gwesty yn y saithdegau, yna mae'r Link yn y nawdegau.

Dwi'n meddwl bod rhan o fy enaid yn byw yno am byth, nawr.

Dwi'n poeni y byddaf yn deffro un diwrnod, yn y Link, a fydda i fyth yn gadael.

Mewn gwirionedd, alli di ddewis gadael y Link mewn sawl lle, e.e. trwy set o risiau sy'n arwain i lawr ac allan i *plaza* mawr gwag.

Mae'r sgwâr yn gartref i'r Sea Life Centre, sy'n gadarnhad pellach ein bod ni wedi glanio mewn rhyw fersiwn paralel o'r Rhyl.

Ond, fel y rhan fwyaf o lefydd yn Kansas City, does dim bodau dynol eraill i'w gweld yma.

'Lle mae pawb?'

Rydyn ni'n ffeindio'n hunan yn gofyn y cwestiwn yma, sawl gwaith y diwrnod, wrth syllu ar strydoedd gwag.

Mae'r strydoedd eu hunain ar system grid, sy'n golygu bod modd syllu fyny yr un stryd am filltiroedd, heb i adeiladau eraill guddio'r olygfa.

Yn y ddinas hon, mae persbectif yn newid o hyd.

Mae adeiladau oedd yn edrych yn anferthol o bell, yn fwyaf sydyn yn edrych yn fychan wrth eu pasio.

Ac mae'r arwydd SCIENTOLOGY oedd yn meddiannu'r awyr o ffenest y gwesty nawr yn ddinod.

Mae'r holl le fel fersiwn cardfwrdd o ddinas: *diorama*.

Ac rydyn ni'n dal i holi: ble mae'r bobol?

'Mae fel tasan ni mewn gêm,' mae Iwan yn dweud. 'A bod yr NPCs heb spawnio.'

Ond dyw e ddim yn peri aflonyddwch, y tawelwch hwn, er falle y dyle fe.

Mae e'n hardd.

Yn gwbl hudolus fel set ffilmiau anferthol, lle gallet ti chwarae unrhyw ran.

(Fel teulu Dorothy yn trawsffurfio i fod yn Ddyn Tun, yn Lew...)

Kansas City ydi cartref cardiau Hallmark ac mae hyn yn gwneud perffaith synnwyr.

Cartref y dudalen wag, y sentiment anysgrifenedig.

Ond cymaint o addewid.

Ac yn y gwacter hyfryd yma, yn fwyaf sydyn, mae pobol *yn* dechrau ymddangos.

Falle eu bod nhw'n swil o'r blaen, jyst eisiau gwneud yn siŵr ein bod ni'n ddibynadwy.

Achos yn fwyaf sydyn ni'n dechrau cwrdd â phobol siaradus, hyfryd sydd eisiau dweud wrthon ni am eu gwreiddiau.

Yn Iwerddon, yn yr Alban, yng Nghymru.

'Have a blessed day,' maen nhw'n ei ddweud, a dwi bron yn anghofio am y gynnau a'r arlywydd sy'n ariannu hil-laddiad ar ochr arall y byd.

***

Tua wythnos cyn i ni gyrraedd, ar Ddiwrnod San Ffolant, roedd Kansas City yn y newyddion am resymau ofnadwy. Saethodd rhywun at dorf anferthol oedd wedi ymgynnull ger yr orsaf er mwyn croesawu'r Kansas Chiefs adre fel pencampwyr newydd y Super Bowl. Lladdwyd un ddynes ac fe anafwyd 33.

Roedd yr holl beth yn ysgytiol, ond aeth pawb yn ôl adre yn rhyfedd o *blasé*.

Wel, dyna America, medden nhw. Pethau fel 'na'n digwydd bob dydd.

Ond yn Kansas City ei hunan, yng ngwacter atseiniol yr Union Station, roedd y galar yn dal i hongian yn drwm yn yr aer.

Roedd teyrngedau a blodau wedi'u gosod wrth lun o'r ddynes a fu farw, y gwlith yn dal yn ffres ar y petalau.

Wrth gerdded drwy'r parc at y gofeb rhyfel ar y bryn, roedd conffeti o'r orymdaith yn dal i orwedd ar y gwair.

Ac er gwaetha'r *blessed days* a'r gwenu, des i ddeall mai wedi ei fferru oedd y ddinas, mewn sioc bur.

★★★

Ar wahân i'r cerddorion, unig breswylwyr eraill y gwesty ydi criw o bobol sy'n gweithio yn y diwydiant concrid.

Fel ni, maen nhw yma i gymryd rhan mewn cynhadledd.

Nid cynhadledd gerddoriaeth ond cynhadledd goncrid.

Rydyn ni'n eu gwylio nhw'n cerdded rownd y lle yn eu crysau siec, efo'u bŵts anferthol a'u *lanyards*.

Maen nhw'n trafod concrid yng nghorneli'r gwesty.

Asphalt a phethau felly.

Mae'n gêm dda i chwarae yn y lifft: gwerin neu goncrid?

(Mae'r crysau siec yn drysu pethau weithiau, ond mae cerddorion yn adnabod cerddorion bob tro.)

Mae'r ŵyl rydyn ni'n rhan ohoni yn ychwanegu at y teimlad swreal ein bod ni mewn breuddwyd.

Bob nos, tua 10 y.h. rydyn ni'n dilyn y Link at westy arall ac yna'n dilyn cyfres o goridorau (sy'n teimlo ychydig bach fel *The Shining*), pob un wedi'u llenwi efo cerddorion, yn gweiddi ac yn udo eu tor calon i'r coridor.

Os ti'n clywed rhywbeth ti'n ei hoffi, ti'n mynd i fewn i'r stafell i wylio gweddill y set.

Mae e'n nyts ac yn wych.

Rydyn ni'n gwylio Joachim Cooder, mab Ry, yn chwarae cerddoriaeth hudolus i stafell o tua 30 o bobol. Mae goleuadau Kansas yn disgleirio trwy'r ffenest y tu ôl iddo.

Mae pawb, heblaw am yr Americanwyr, yn gwisgo hetiau cowboi a dillad Americana.

Tua diwedd yr wythnos, yn oriau mân y bore, mewn stafell yn y gwesty sydd wedi'i thrawsnewid i edrych fel cantina, rydyn ni'n fud, wedi'n parlysu gan y cwrw a'r blinder, wrth i ddau efaill ganu fersiwn o 'American Tune' gan Paul Simon.

Mae un ohonyn nhw'n chwarae soddgrwth.

Ac yna, dwi'n canu'n dawel dan fy anadl.

Y geiriau dwi'n eu gwybod trwy gydol fy mywyd, bron, yn cael eu canu gan ddau ddieithryn.

'Oh, but I'm alright, I'm alright,

I'm just weary to my bones;

Still, you don't expect to be bright and bon vivant

So far away from home.'

Mae e'n gysur ond yn dawel o ddinistriol hefyd.

Dwi'n teimlo mor bell o adre, fwyaf sydyn. Mor bell o fy mhlant, ac eto...

Dyma ni yn America, ychydig bach yn *pissed*, ac mae e'n ol-reit.

***

Yn Efrog Newydd, cyn hedfan adre, rydyn ni'n rhythu trwy wydr llyfrgell y ddinas ar ddarnau o benglog Percy Bysshe Shelley, neu, o bosib, darnau o'i galon, wedi'u hachub o goelcerth angladdol y bardd gan ffrind, ac wedi'u cadw yn ofalus gan ei wraig tan iddi farw.

Yna, ar ôl laru syllu, rydyn ni'n troi ar ein sodlau i groesi'r Great Atlantic Fault, am adre.

***

Rhai misoedd wedyn, dwi'n darllen yn y newyddion fod Dolly Parton wedi bod yn ffilmio rhaglen ddogfen yn Ninbych-y-Pysgod. Mae'n debyg bod ei theulu wedi byw yno, ac mae hi'n eiddgar i ddysgu mwy amdanyn nhw, ac am Gymru.

Mae'r Cymry, wrth reswm, wrth eu boddau efo'r newyddion!

Rhai blynyddoedd yn ôl, aeth ei chefnder – Ritchie Owens, sy'n chwarae yn ei band – ar bererindod i Gymru, i ddarganfod mwy am eu gwreiddiau. Wrth ddychwelyd i America, daeth â charreg yn ôl fel anrheg i'w gyfnither enwog. Heddiw, mae'r garreg yn byw uwch silff ben tân Dolly, fel atgof o'r cartref ysbrydol dyw hi ddim yn ei adnabod.

Cau Drysau

Heddiw, daw rhybuddion y gall Amgueddfa Genedlaethol Cymru orfod cau ei drysau'n barhaol gan fod cyflwr yr adeilad yn dirywio gymaint.

Dwi'n meddwl am yr hen grwban môr yn hongian ymysg ei glwstwr o sêr yng nghornel bella'r adeilad, am y ffosiliau, yr esgyrn, am ôl troed y deinosor a ganfuwyd gan Lily ar draeth Penarth, am y darnau o lo wedi'u tynnu o grombil pyllau'r De gan ddwylo pardduog dynion fel fy nhaid, Walter.

I ble'r ân nhw, y pethau hyn?

Eu cadw, wedi'u selio, mewn storfeydd llychlyd yn rhywle?

Eu gwerthu?

(Heb neb i wneud y gwaith cynnal a chadw, fel eu bod nhw'n ara bach yn dirywio hefyd, yn union fel yr adeilad oedd yn eu cadw nhw'n saff?)

Falle mai dyma fydd ffawd pob amgueddfa yn y diwedd.

Ac yna dwi'n cofio am yr hyn ddwedodd Iwan wrtha i unwaith sef y dylet ti wastad gadw dy offerynnau mewn llefydd amlwg yn y tŷ, allan o'u cesys, fel bod ti'n gallu gweld nhw'n ddyddiol ac felly'n parhau i fod eisiau cydio ynddyn nhw a'u chwarae.

I gadw'r cysylltiad yna'n fyw rhwng y llygaid a'r bysedd.

Rhwng y bysedd a'r cof.

Os gallwn ni weld rhywbeth, gallwn ni wneud defnydd ohono.

Yr eiliad mae e'n mynd o'r golwg, mae'n anoddach wedyn.
Out of sight, out of mind.
Nes ein bod ni, yn raddol bach, yn anghofio.

Manion

Camera

Oherwydd bod Mam a finnau'n rhannu'r un ysfa i dynnu lluniau diddiwedd o'r dynion yn ein bywydau ac yn llwyddo rhywsut i osgoi camerâu pobol eraill, mae hyn yn golygu, gwaetha'r modd, nad oes gen i bron ddim lluniau ohoni hi'n unman. Dwi'n amau ein bod ni'n dwy yn gweld ein hunain fel Henri Cartier-Bresson's hollbwysig; *photojournalists* y teulu. Hebddon ni, be fydde'n para? I ble fydde'r holl atgofion yn mynd?

Mae hyn yn fy mhoeni, weithiau. Yn rhannol achos ei fod e'n edrych fel 'mod i'n *sexist* – dim ond lluniau o ddynion a bechgyn sydd yn y tŷ, rili – ond hefyd achos be wna i pan na fydd hi yma rhagor? Adduned blwyddyn newydd, felly, fydd tynnu mwy o luniau o Mam – er dwi'n gwybod na fydd e'n hawdd achos mae hi'n osgoi camerâu fel y diawl. Ond dwi'n benderfynol. Ac mi wna i adael iddi hi dynnu mwy o luniau ohono inne hefyd yn lle neidio tu ôl i'r soffa neu gwgu'n flin pan mae hi'n trio gwneud.

***

Yn rhyfedd iawn, yr un diwrnod â dwi'n sgwennu hwn, dwi'n cael neges ganddi.

(Dwi'n aml wedi meddwl ein bod ni'n gallu darllen meddyliau'n gilydd.)

Mae hi ar bigau i ddweud ei bod hi newydd sylweddoli rhywbeth.

Pan aeth hi o amgylch Ewrop efo'i ffrind gorau o'r coleg ar ddiwedd eu blwyddyn gyntaf wnaethon nhw ddim tynnu unrhyw luniau.

Doedd dim camera ganddyn nhw o gwbl.

Dyna oedd y *norm* bryd hynny a wnaeth hi erioed weld unrhyw deithwyr eraill yn tynnu lluniau chwaith.

'How times have changed,' mae hi'n ei sgwennu ar ddiwedd y neges.

Dwi'n ateb – 'But do you remember it all?'

Ydw, mae hi'n ateb, yn glir.

Ddoe

Mae'r un bach wedi dechrau cyfeirio at unrhyw beth yn y gorffennol fel 'ddoe' sy'n gwneud iddo fe swnio fel hen fardd hiraethus yn nyrsio'i beint yng nghornel tafarn ac yn hel meddyliau am ddyddiau gwell.

Sioe Nadolig

Dwi'n eistedd yn rhan uchaf y Neuadd Fawr yn gwylio fy mab hynaf ar y llwyfan yn actio bugail. Yn y crud, mae doli fechan yn chwarae rhan yr Iesu. Mae'r merched fel angylion, efo'u lleugylchau tinsel a'r cyfan alla i weld ydi'r plant bach yn Gaza, y gorchudd gwyn dros y cyrff bach, a galar a dicter eu rhieni yn troi'n un afon waedlyd ar wythnos geni'r Meseia.

Sid

Un tro, meddai Mam, roedd hi'n eistedd ar drên i rywle.

Wrth gyrraedd yr orsaf nesaf, agorodd drws y trên a

chamodd Sid Vicious i mewn gan eistedd wrth ei hymyl.

Sut oedd e?

'Nice,' meddai Mam, 'polite.'

Gwyrdd

Pan o'n i'n fy arddegau, 'nes i ddarllen mewn cylchgrawn (*Mizz* neu *Sugar*, siŵr o fod) bod gwisgo gwyrdd yn awgrymu dy fod yn *mentally unstable*.

Ar y pryd, fel rhywun oedd wir yn hoffi gwyrdd ond yn amau 'mod i ychydig bach yn ansefydlog, mi wnaeth ddylanwadu arna i cymaint nes i mi osgoi gwisgo'r lliw am flynyddoedd.

Degawdau, dweud y gwir.

Ond yn ddiweddar, dwi'n gweld yr hen liw 'na'n cropian yn raddol yn ôl i fy ngwisg ddyddiol.

Lliwiau afal, saets, pistachio.

Dwi'n panicio.

Ydw i'n colli'r plot?

Ond mae ymchwiliad brysiog ar Google yn cynnig stori arall.

Symbol o hapusrwydd a heddwch yw gwyrdd. Yn y bymthegfed ganrif câi ei ddefnyddio mewn ffrogiau priodas am ei fod yn cynrychioli ffrwythlondeb.

Adnewyddu, atgyfodi.

A dwi'n meddwl, nag yw e mor *typical* i wneud i ferched ifanc gysylltu eu hapusrwydd efo ansefydlogrwydd meddyliol neu'r gallu i genhedlu.

Sgerbwd

Un diwrnod, o nunlle, mae fy mab hynaf yn gofyn am fy nan.

'Ble ma hi?'

'Mae hi wedi marw.'

'Yeah ond ble ma *sgerbwd* hi?'

'O,' dwi'n dweud, gan feddwl am lwch ar y gwynt dros glogwyni Penarth. 'Mae hi'n rhywle, cariad.'

Nes 'mlaen, yn Wetherspoons, dwi'n gweld merch gyda thatŵ o asgwrn cefn *ar* ei chefn… gyda blodau a gloÿnnod byw yn troelli'n ddel o amgylch yr esgyrn. Mae e'n afiach, neu'n hardd, yn dibynnu ar ba fath o hwyliau sydd arnot ti. Heddiw, yn ddirybudd, mae e bron â gwneud i mi grio dros fy sglodion.

Carreg Bethan

Yn Amgueddfa Poole, mae carreg fach lwyd yn gorwedd mewn cas gwydr gyda'r wybodaeth ganlynol oddi tano.

Bethan's Rock
2019
On 23rd of August, 2019, Bethan visited Poole Museum. After talking with her mum about what museums do, Bethan decided she wanted to donate her 'most precious' rock to the museum. She asked that we put it behind glass to look after it, so that everyone could see it and enjoy it.

Ar lan y môr Aberystwyth yr wythnos hon, mae pobol yn gosod cerrig mân o'r traeth ar hyd y prom: un ar gyfer pob plentyn sydd wedi ei ladd yn Gaza ac mewn rhyfeloedd ledled y byd.

Dwi'n ofni nad os digon o gerrig ar gael.

Ar Amser

Wrth groesi'r bont newydd dros y Ddyfi, dwi'n gweld rhywbeth o gornel fy llygaid: rhywbeth yn gwyro ac yn plymio fel saeth trwy'r aer.

Gwennol, dwi bron yn sicr.

Dwi'n tecstio Mam.

'Is it possible I saw a swallow by Machynlleth just now?'

Mae'r ateb yn cyrraedd fel mellten.

'Maybe. Usually come in 17th, though. Probably a Martin.'

Dwi'n edrych ar fy ffôn.

Ebrill 14eg.

Ffycs sêc, dwi'n meddwl, gan gofio'r plu duon, a sylwi ei bod hi – unwaith eto – yn iawn.

Craig yr Wy

Peth amser yn ôl, jyst i'r de o draeth Tan-y-bwlch, roedd carreg ryfedd yr olwg, yn cael ei hadnabod gan bawb fel Craig yr Wy.

Falle am ei bod yn edrych fel *egg timer* anferthol wedi'i naddu gan y tonnau.

Ond mae'r tonnau, fel Duw, yn rhoi, ac mae'r tonnau yn cymryd. Achos fe'i dygwyd hi gan stormydd mawr y gaeaf ar ddiwedd 1930…

Taswn i heb ddigwydd edrych i fyny ar yr hen lun ohoni ar risiau'r Amgueddfa yn y dref, fydden i erioed yn gwybod am ei bodolaeth.

Ond nawr 'mod i'n gwybod, alla i ddim stopio meddwl amdani.

Am sut roedd hi yno un funud, ac wedyn, wedi mynd.

Cylch

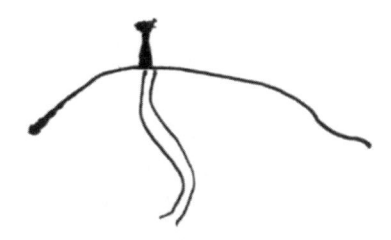

Mae amser wedi pasio ers i mi eistedd lawr ddiwethaf i sgwennu, ac mae llawer wedi digwydd yn y cyfamser.

Bron i ni golli'n hangor yn llwyr, a dweud y gwir.

Aeth pethau'n niwlog braidd.

Aeth pethau'n ddychrynllyd.

Ond mae Iwan yn gwella.

Mae e'n gwneud yn rhyfeddol, a dweud y gwir.

'Dwi'n ystyried ca'l tatŵ,' mae e'n dweud un bore dros y sinc.

(*Too ffycin right*, dwi'n meddwl.)

Am y tro, mae e'n bodloni efo modrwy arian eithaf *bad-ass* efo camel arni o gasgliad trysorau ein mab hynaf.

(Mae fy mam, efo'i llygaid barcud, yn sylwi ar y fodrwy mewn llun dwi'n danfon iddi. 'Is that my ring Iwan's wearing?' Hi wnaeth roi'r fodrwy fel anrheg i fy mab, y bioden. Dwi'n cadarnhau ei bod hi'n gywir. 'It has an interesting history,' mae hi'n sgwennu wedyn. 'An Italian friend I made in Genoa gave it to me. His dad served in the Italian army in North Africa in World War 2, and brought the ring back. I got it in 1966. Too big for me.' Mae hi'n cael *side-eye* anferthol gen i am y *friend* Eidalaidd yn y frawddeg honno.)

A sôn am y bioden…

O'n i'n meddwl bod y ffosiliau'n angof, yn hen hanes, yn perthyn i gyfnod sydd wedi mynd nawr. Wedi'u trechu gan y dewiniaid a'r *potions*.

Ond, yna, un diwrnod, reit ar ddiwedd yr haf, dwi'n mynd â fe i Lundain ar y trên.

Dwi 'di bod isie gwneud hyn ers amser hir. Nawr ei fod e bron â throi'n saith oed ac o ystyried popeth sydd wedi digwydd yn ei fywyd dros y chwech wythnos ddiwethaf, mae e'n teimlo fel amser da i fynd ar bererindod gyda'n gilydd.

Dwi wedi bod yn poeni am y bechgyn. Yn poeni bod hyn oll efo'u tad yn gadael marc. Olion aneglur falle, ond dal yn barhaol.

Mae e'n pefrio wrth gyrraedd Euston.

A dwi'n teimlo'r hen ias gyfarwydd 'na hefyd, y cyffro wrth gamu allan i ganol y ddinas, i ganol y sŵn a'r gwres ac aroglau'r traffig.

Ar ein ffordd allan o'r gwesty, ni'n ffeindio – heb drio – canolfan Eifftaidd y Petrie Museum ar gampws UCL.

'I never knew you were here,' dwi'n ddweud mewn syndod wrth y boi ger y ddesg ar ôl dringo'r grisiau a chanfod y baradwys gudd hon.

'Well,' mae e'n ateb, yn llechwraidd i gyd, 'we *are* a bit of a hidden gem.'

Rydyn ni'n gwenu ar ein gilydd.

Y funud nesaf, rydyn ni – fy mab a finnau – yng nghanol y *terracotta* a'r *turquoise*, y masgiau, yr hen ddarnau o ddillad.

Tir cyfarwydd i ni'n dau, ar ôl cyfnod o fod mor, mor ofnus.

Gallen i grio, rili.

Yn y siop, cyn i ni adael, mae e'n prynu model o *scarab* lliw *turquoise*.

'Edrych ar ôl hwn i fi, Mam?'

Yn hwyrach, wrth i'r awyr droi'n binc, dwi'n mynd â fe i Chinatown, lle mae'r llusernau cochion a'r colomennod yn nofio uwch ein pennau fel breuddwyd.

Ar ein ffordd 'nôl i'r gwesty, dwi'n mynd â fe i orsaf diwb Leicester Square, gan ddangos y *booth* bychain lle ro'n i'n arfer gwerthu tocynnau theatr rhad i dwristiaid o Sbaen.

'Pan fydden i'n mynd adre ar ddiwedd y dydd,' dwi'n dweud wrtho, 'fydden i'n golchi fy ngwyneb, a'r dŵr yn troi'n ddu 'da llwch.'

A'r diwrnod nesaf, i goroni'r cyfan, y Natural History Museum.

Dwi'n teimlo fel bod popeth wedi bod yn arwain at hyn, rhywsut.

Rydyn ni'n sefyll gyda'n gilydd, yn ysblander yr amgueddfa, yn rhythu lan ar yr esgyrn, y ffosiliaid, y darnau carbon, y mwncïod a'r adar wedi'u cerfio'n gywrain i'r waliau cochion.

Rydyn ni'n gweld y cregyn, y cwrel, darnau anferthol o fflint (mor fawr â chasgenni o gwrw) sy'n gwneud i'r rhai ar draeth Aber edrych fel dim byd o gwbl.

Dwi'n dal ei law, sy'n dal i deimlo'n fach, ac yn ei gwasgu'n dynn.

(Yn fy mol, mae babi newydd di-enw'n troi'n ei chwsg.)

A dwi'n falch, i waelod fy enaid, bod 'na bethau sy'n parhau trwy'r holl newid.

***

Dyma fi, yn eistedd ar draeth y De, y plant ryw ganllath o fy mlaen yn chwarae mig efo'r tonnau, yn taflu cerrig, eu lleisiau'n atsain yn swnllyd i'r prynhawn.

Mae'r un bach wedi dechrau dangos diddordeb mewn deinosoriaid.

Fel cydnabyddiaeth, mae fy mam yn prynu deinosor rwber iddo o Bortiwgal. O'r diwedd, mae fy mab hynaf yn cael ei ddymuniad o anifail anwes: dau jerbil bach gwyn.

Ym Mhenarth, ar draeth arall, mae merch ddeg oed – Tegan – yn mynd am dro efo'i mam ac yn darganfod, yn y graig, olion troed anferthol.

Mae curadur paleantoleg yr Amgueddfa yng Nghaerdydd yn dweud wrth Tegan a'i mam ei bod hi'n eithaf sicr taw olion traed deinosor go iawn ydyn nhw.

(*Sauropodomorpha*, medd y curadur.)

Plant ar y traeth, yn syllu lawr.

Mae bywyd yn gylch, wedi'r cyfan.

Fel modrwy.

Fel ochrau Pen Dinas yn yr haul.

Fel ymyl het Hank Williams.

Neu, os liciwch chi, fel carreg ddi-nod ar draeth y De yn Aberystwyth.

Y mae hen ddihareb Rwsiaidd sy'n dweud,
'nid croesi cae yw byw.'
Cywir: croesi traeth ydyw.

        Gwyn Thomas – 'Croesi Traeth'

Hefyd o'r Lolfa:

ANGHARAD PRICE

NELAN A BO

£9.99

Salem a Fi
ENDAF EMLYN

y Olfa

£11.99

DIM OND UN

Does dim dianc.

'Gafaelgar a llawn dirgelwch.'
Alun Davies

MELERI WYN JAMES

£9.99

Holwch am bris argraffu!
www.ylolfa.com